**Schulmethodik
Gerätturnen**

JÖRG & ELKE WULFF
GRÜNLANDWEG 7
D 32549 BAD OEYNHAUSEN
☎ 05734/4182

Sportiv
Gerätturnen

von
Arno Zeu...
Sieghart...
Reinhar...

Ernst Klett Schulbuchverlag Leipzig
Leipzig Stuttgart Düsseldorf

Die Autoren:

Prof. Dr. Arno Zeuner, Hochschullehrer an der
Sportwissenschaftlichen Fakultät der Universität Leipzig

Dr. Sieghart Hofmann, Wissenschaftlicher Mitarbeiter an der
Sportwissenschaftlichen Fakultät der Universität Leipzig

Dr. Reinhard Leske, Wissenschaftlicher Mitarbeiter an der
Sportwissenschaftlichen Fakultät der Universität Leipzig

 Gedruckt auf Recyclingpapier, hergestellt aus 100% Altpapier.

1. Auflage   1 8 7 6 5 4 | 2007 2006 2005 2004 2003

Alle Drucke dieser Auflage können im Unterricht nebeneinander benutzt werden, sie sind untereinander unverändert. Die letzte Zahl bezeichnet das Jahr dieses Druckes.

© Ernst Klett Schulbuchverlag Leipzig GmbH, Leipzig 2000. Alle Rechte vorbehalten.
Dieses Werk folgt der reformierten Rechtschreibung und Zeichensetzung.
Internetadresse: http://www.klett-verlag.de
E-Mail: klett-kundenservice@klett-mail.de

Fotos: Christine Dähnert, Leipzig

Grafik + Satz: Graphikdesign Erhard Müller, Leipzig; Joachim Nusser, Sonneberg/Thür.;
                 Ernst Klett Schulbuchverlag Leipzig GmbH, Leipzig

Reproduktionen: Arnold & Domnick, Leipzig

Druck: Druckhaus Vogel GmbH, 70771 Leinfelden-Echterdingen
Printed in Germany

ISBN 3-12-031523-0

Inhaltsverzeichnis

1. Zum Anliegen 4
2. Schulische Bedingungen 7
3. Unterrichtsziele im Gerätturnen 8
4. Zur Idee des Gerätturnens 9
5. Reize des Turnens 11
   5.1 Reichtum an Bewegungsmöglichkeiten • 5.2 Reize des Bewegungskönnens, Beherrschungsfreude – »aus wenig viel machen« • 5.3 Reize, die in einer weiterführenden methodischen Gestaltung liegen
6. Stufenspezifika 16
7. Zum besseren Verständnis der nachfolgenden Abhandlungen 20
8. Pädagogisch-methodische Aspekte im Gerätturnen 22
9. Bodenturnen 28
   9.1 Klasse 5–7 Vorbereitung einer Übungsverbindung • 9.2 Klasse 5–7 Übungsverbindungen • 9.3 Klasse 8–10 Partner- und Gruppenturnen
10. Stützsprünge/Minitramp 54
    10.1 Klasse 5–7 Sprunggrätsche und Sprunghocke • 10.2 Klasse 8–10 Gruppen- und Synchronspringen • 10.3 Klasse 8–10 Springen mit dem Minitramp
11. Barrenturnen Parallelbarren 66
    11.1 Klasse 5–7 Vorbereitung einer Übungsverbindung • 11.2 Klasse 5–7 Übungsverbindungen • 11.3 Klasse 8–10 Partnerturnen Gruppenturnen Synchronturnen
12. Reck und Stufenbarren 86
    12.1 Klasse 5–7 Vorbereitung einer Übungsverbindung • 12.2 Klasse 5–7 Übungsverbindungen am Reck bzw. am unteren Holm • 12.3 Synchronturnen Jungen Klasse 7/8 am Reck Mädchen Klasse 9/10 am Stufenbarren als Wahlgeräte
13. Schwebebalken 105
    13.1 Klasse 5–7 Vorbereitung einer Übungsverbindung • 13.2 Klasse 5–7 Übungsverbindungen • 13.3 Klasse 8–10 Gruppenturnen Synchronturnen
14. Theoretische Basis: Ein dialektisches Unterrichtskonzept 114

Literaturverzeichnis 120

1. Zum Anliegen

Gerätturnen in der Schule gilt seit langem und vor allem in den oberen Klassen als eine weniger beliebte Sportart: Gerätturnen ist nicht »in«, macht Schülern wenig Spaß; verfügt über zu wenig Zeit, um Können zu entwickeln bzw. ist zu schwierig; verlangt Konzentration und Anstrengung, die Schüler nur begrenzt auf sich nehmen wollen; Interessante Bewegungsmöglichkeiten fordern nicht mehr so heraus; die Sportlehrer sind häufig verunsichert, haben Vermittlungs- und Demonstrationsprobleme.

Turnpädagogen und Sportdidaktiker haben sich inzwischen vielfach bemüht, die Attraktivität des Gerätturnens zu erhöhen. Als besonderen Gewinn dieser Bemühungen sehen wir: Die Verbindung des Gerätturnens im Sportunterricht mit sportdidaktischen Konzepten; der weitgehende Konsens, dass turntypische Bewegungen Erfahrungen ermöglichen, die für die Entwicklung der Schüler bedeutsam sind; die fast durchgängig vertretene Auffassung von der Einheit formgebundenen und freien Turnens – wenn auch mit unterschiedlichen Akzentsetzungen; die Ausweitung und Vielfalt an Übungsmöglichkeiten (insbesondere das Paar- und Gruppenturnen betreffend), wodurch einseitiges Fertigkeitsturnen zurückgedrängt werden kann; die Vielfalt an methodischen Gestaltungsmöglichkeiten, die der Schülerorientierung eine größere Wertigkeit beimessen.

Ziele dieser Publikation

Angesichts der Werte freien und formgebundenen Turnens für die Entwicklung der Schüler möchten wir uns mit dieser Publikation Bestrebungen anschließen, Gerätturnen didaktisch so aufzuarbeiten, dass Schüler sich dafür interessieren können. Hierbei sind wir uns durchaus des Wagnisses einer solchen kulturellen Begegnung bewusst, vertreten aber eine »gerätturnpositive« Auffassung und wollen diese nachfolgend begründen.

Davon ausgehend stellen wir uns mit dieser Publikation folgende differenziertere Ziele:

Erstens geht es um den Versuch einer Zusammenführung von Erkenntnissen und Übungsideen, die ein Turnen für alle befördern, wobei schulspezifische Bedingungen konsequent berücksichtigt werden.

Zweitens wollen wir Neues einbringen und Standpunkte zu bisher in der Diskussion befindlichen Fragen beziehen. Durch eine systematische Verbindung von theoretischen Grundlagen und detaillierten methodischen Angeboten soll ein Beitrag für eine »Schulmethodik Gerätturnen« als sportpädagogische Teildisziplin geleistet werden. Hierbei konzentrieren wir uns auf die Klassen 5–10.

Zum Anliegen

Wir folgen Auffassungen von TREBELS (1980, 1983, 1985), LAGING (1985, 1991) und FUNKE-WIENEKE (1999) insofern, als eine Schulmethodik Gerätturnen theoretischer, d. h. pädagogisch-didaktischer Grundlagen bedarf. Allerdings setzen wir nicht betont auf Schülerorientierung und freies Turnen. Vielmehr folgen wir der Erkenntnis, wonach sich Unterricht im Spannungsfeld von Sache und Schüler befindet, die durch Methode zu vermitteln sind. Hierbei bilden Sach- und Schülerorientierung eine zwar widersprüchliche, aber dennoch untrennbare (dialektische) Einheit, die auf Methodenvielfalt setzt und Einseitigkeiten oder gar Extreme nicht zulassen will.

Aus dieser Sicht geht es um die Einführung in die »Sache« Gerätturnen als Kulturgut **und** die Entfaltung von Individualität, Sozialität; um einfaches formgebundenes Gerätturnen **und** freies Turnen an Geräten; um angemessene Entwicklung von sportlichem Können **und** vielfältiges Kennenlernen von Bewegungsmöglichkeiten an und mit Geräten; um zielgerichtetes Üben **und** Erkunden, Experimentieren, Probleme lösen und schließlich auch um den Lehrer als Fachmann und Motor **und** als Berater und Helfer. Damit kann Auffassungen von Turnvertretern wie vor allem BRUCKMANN (1990, 1993, 1998), DIECKERT (1988), DRESSEL/TUCH (1995), SCHADOWSKI (1996), HÄRTIG (1999) sowie dem Sportpädagogen FUNKE-WIENEKE (1995) mit der durch uns vertretenen (dialektischen) didaktischen Ausgangsposition, wenn auch nicht durchgängig, gefolgt werden (dazu ausführlicher am Ende dieser Publikation).

Weitgehend neu sind die Vorschläge für Stufenspezifika. Wir haben uns dabei für eine Teilung in Klasse 5–7 und Klasse 8–10 entschieden. Bisher interessante, aber kaum auf die verschiedenen Klassen- bzw. Schulstufen bezogenen Übungsangebote sind problematisch, weil sie längerfristige Lösungen für mehrere Klassenstufen nicht aufweisen und damit Handlungssicherheiten der Lehrer nicht genügend befördern. Gefahren eines nur kurzfristigen Befassens mit dem Gerätturnen vor allem in den unteren Klassenstufen oder einer wenig variablen Thematisierung im Verlaufe mehrerer Jahre liegen daher nahe.

Wir gehen davon aus, dass insbesondere *ab* Klasse 7/8 Gerätturnen auch Neues, Anderes, Jugendgemäßes bieten muss und mit Unterschieden zum Turnen *bis* Klasse 7/8 eine gleichförmige, auch leistungsstärkere Schüler frustrierende Unterrichtsgestaltung in den oberen Klassen vermieden werden kann.

Ausgangspunkt, theoretische Grundlage

Stufenspezifika

Verbindung von freiem und formgebundenem Turnen

Die grundsätzliche Position der Bedeutsamkeit beider Turnauffassungen bietet noch nicht konkrete Lösungen ihrer Vermittlung bzw. Verschmelzung. Diese erfolgt stufenspezifisch unterschiedlich akzentuiert:

Klasse 5–7
Übungsverbindungen

In den Klassen 5–7 wird in das Gerätturnen eingeführt. Durch die Entwicklung von Übungsverbindungen und damit verbundenen Orientierungen auf Körperspannung, Erhöhung der Qualität der Ausführung und der Schwierigkeiten sowie zielgerichtetes Üben erhält das formgebundene Turnen eine etwas höhere Wertigkeit. Aspekte freien Turnens werden durch die Einbindung vieler einfacher Elemente aus dem freien Turnen/Hindernisturnen sowie Erkundungs- und Wahlmöglichkeiten berücksichtigt. Damit erhält diese Schulstufe ein eigenständiges und originelles Profil, das sich deutlich von einem traditionellen Fertigkeitsturnen unterscheidet und jedem Schüler Leistungsmöglichkeiten und Erfolgserlebnisse bietet.

Klasse 8–10
Gruppenübungen und Synchronturnen

In den Klassen 8–10 erhalten Paar- und Gruppenturnen (BRUCKMANN 1990) einen besonderen Stellenwert. Das Synchronturnen kann vorher Erlerntes aktivieren und mit kooperativen Akzenten neu einbringen. Mit Akrobatik ergeben sich ganz andere, u. E. jugendgemäße Anforderungen, die mit dem freien Turnen in besonderer Weise verbunden sind.

Angemessenes Bewegungskönnen

Mit der erforderlichen Bescheidung von Leistungsansprüchen ist allerdings nicht ein »Pendelausschlag nach der anderen Seite« gemeint, d. h. ein weit gehender oder gänzlicher Verzicht auf gezieltes Üben und daraus resultierendem Bewegungskönnen. Vielmehr geht es um ein Übungsangebot, das für alle Schüler Könnenserlebnisse bereithält. Weil das im Wesentlichen nur auf einer unteren Schwierigkeitsstufe möglich sein wird, stimmen wir der Forderung von BRUCKMANN – *aus wenig viel machen* – in vollem Maße zu. Lösungen in diesem Sinne können als das entscheidende Feld gegenwärtiger Bemühungen, und so auch unserer Publikation, angesehen werden.

Konzentration von Übungsangeboten

Die nicht hoch genug zu schätzende Vielfalt an erlebnisreichen Übungsangeboten in der Literatur verlangt angesichts der von uns vertretenen Einheit von einfachem formgebundenen und freien Turnen nun wieder eine gewisse Konzentration auf Übungsgut, das sich insbesondere für Übungsverbindungen (Klasse 5–7) und Gruppenübungen sowie Synchronturnen (Klasse 8–10) eignet, das Differenzierungen zulässt, den zeitlichen Bedingungen angemessen ist und auch organisatorisch den Lehrer nicht überfordert.

2. Schulische Bedingungen

Eine Reihe von Bedingungen für Sportunterricht und Schule weisen Unterschiede zum Turnen von Kindern und Jugendlichen im Verein auf. Neben schulpädagogischen Einsichten sind sie mitbestimmend für spezifische Ziele, inhaltliche Anforderungen und Möglichkeiten sowie methodisches Vorgehen im Gerätturnunterricht.

Schule als Institution

Die Institution Schule verweist auf den Pflicht- und Leistungscharakter, auf Klassenfrequenzen zwischen 20 und 30 Schülern, auf vorgegebene Zeittakte mit Einzel- und Doppelstunden (und ihren Vor- und Nachteilen), auf vielfältige organisatorische Schwierigkeiten sowie auf die Gefahr, das Bewahren bzw. die Routine gegenüber dem Verändern zu verabsolutieren.

Förderung aller Schüler

Alle Schüler in ihrer Verschiedenheit sind zu fördern. Hierbei sind verstärkt zu berücksichtigen: Koordinative Defizite, weil vielfältige Bewegungs- und Körpererfahrungen, die sich auf die turnerischen Grundtätigkeiten beziehen, im Kindesalter und außerhalb der Schule oftmals nur unzureichend gesammelt werden. Hinzu kommt eine weniger ausgeprägte Arm-, Schulter- und Rumpfmuskulatur und ein daraus resultierendes unausgewogenes Last-Kraft-Verhältnis. Statt Bewegungslust und Neugier können sich so Ängste und Ablehnungen verstärken.

Die Rolle des Lehrers

Der Sportlehrer hat nur noch selten Spezialkenntnisse im Gerätturnen. Aber gerade in dieser Sportart werden eine Reihe von Anforderungen gestellt: Verfügen über ein Bewegungs- und Methodenrepertoire aus dem formgebundenen und freien Turnen; Geräteauf- und -abbau bzw. Vorbereitung von Gerätearrangements; Sichern und Helfen; Gewöhnen an selbstständiges Üben in meist vier Gruppen/Riegen. Solche und weitere Forderungen dürfen einerseits nicht überzogen werden, weil sonst Gerätturnen bereits von den Lehrern abgewählt werden kann. Andererseits muss ein gewisses Maß an methodischer Kompetenz erwartet werden, um eine anspruchsvolle Unterrichtsgestaltung zu ermöglichen.

Zeitliche und räumliche Besonderheiten

Zeitliche und räumliche Bedingungen verweisen darauf, dass Gerätturnen eine Winter- und Hallensportart ist, die auf engem Raum vielfältige Bewegungsmöglichkeiten bietet. Diese können allerdings problematisiert werden durch materiale Defizite, Mehrfachbelegungen, Wegezeiten zur Turnhalle oder schlechte Organisation des Unterrichts. Wenn wir von 3 Wochenstunden wöchentlich zumindest bis Klasse 6–8 ausgehen, so bleiben in diesen Klassen etwa 15 Stunden pro Schuljahr mit nachfolgender monatelanger Unterbrechung.

3. Unterrichtsziele im Gerätturnen

Notwendige pädagogische Akzentsetzungen verweisen auf facheigene und fachübergreifende Ziele, die u. E. für den Sportunterricht generell gelten (vgl. Grafik). Diese können folgendermaßen kurz gekennzeichnet werden:
Im Gerätturnunterricht erhalten die Schüler Gelegenheit, sich formgebundenes (nachmachendes) und freies (erfinderisches) Turnen an Geräten anzueignen und damit Handlungsfähigkeit zu erwerben, die in einem weiteren Sinne auch enthält:
- Gerätturnen unter verschiedenen Sinnorientierungen (also mehrperspektivisch) betreiben,
- als Helfer, Organisator tätig sein, eine kritische Distanz zu zweifelhaften Praktiken wahren. (Kurz 1992)

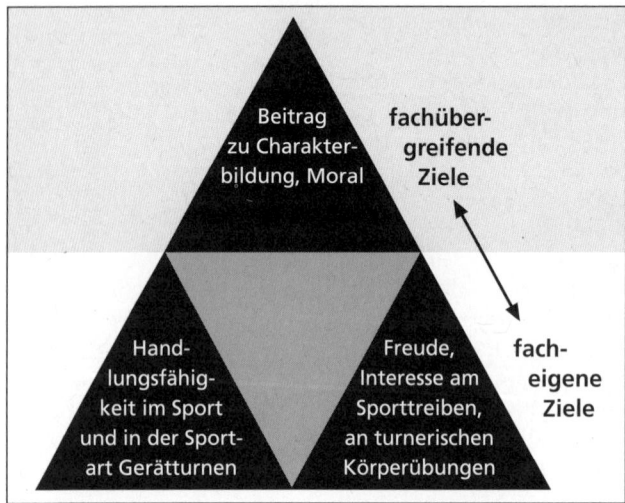

Verbunden mit der Entwicklung von der Handlungsfähigkeit der Schüler ist die Hoffnung, dass sie die »Reize« des Gerätturnens für sich erschließen und sich damit eine positive Einstellung zum Sporttreiben im allgemeinen und eventuell auch zum Gerätturnen entwickeln möge. Die Entwicklung von Interesse und Freude am Sporttreiben verweist auf einen weiterführenden und ganz wesentlichen Gedanken:
Kaum ein Sportlehrer wird darauf verzichten wollen, im Verlaufe des Sport- bzw. Gerätturnunterrichts einen (sicher begrenzten) Beitrag für Charakter- und Moralbildung seiner Schüler zu leisten. Dieser Beitrag zu fachübergreifenden Zielen erscheint einerseits unverzichtbar, weil Freude, Interesse sowie Handlungsfähigkeit weltanschaulich indifferent bleiben und Manipulation nicht ausgeschlossen werden kann. Andererseits sind fachübergreifende Ziele immer gebunden an Freude und Interesse der Schüler. Denn eine frustrierte Teilnahme am Sportunterricht wird einen fachübergreifenden erzieherischen Beitrag verstellen. Eine Entfaltung von Reizen des Gerätturnens folgt daher nicht nur facheigenen oder »turnerischen« Interessen, sondern ist auch eine notwendige Basis für weiterführende pädagogische Wirkungen.

4. Zur Idee des Gerätturnens

Die Idee des Gerätturnens besteht in »der Auseinandersetzung mit einer anregenden und herausfordernden Geräteumwelt« (SÖLL 1973, TREBELS/CRUM 1980). Dabei wird der Mensch »von den Beinen geholt«, er kann den Raum erobern und bedarf dazu vor allem der Arm-, Schulter- und Rumpfkraft, d.h. es geht um Bewegungsmöglichkeiten und -anforderungen, die spezifische körperliche und materiale Erfahrungen ermöglichen, die andere Sportarten weniger oder nur in geringem Maße aufweisen und als wertvoll für eine möglichst vielseitige motorische Entwicklung des Schülers angesehen werden können. Deshalb erscheint Gerätturnen im Rahmen einer körperlich-sportlichen Grundlagenausbildung nur begrenzt austauschbar oder ersetzbar.

Die Auseinandersetzung mit Geräten kann in einem zweifachen, miteinander in Verbindung stehenden Sinn verstanden werden:

Nach FUNKE-WIENEKE ist das traditionelle Gerätturnen »als ein Kanon historisch entwickelter Bewegungsformen zu verstehen, als eine über Fertigkeiten und Fertigkeitsverbindungen und Bewertungsregeln beschreibbare ›Turnkunst‹, der eine verbindliche ästhetische Norm für die qualitätsvolle Ausführung zugrunde liegt.« (1995, 73) Das verlangt konzentriertes, zielgerichtetes Üben von Turnelementen mit dem Ziel ihrer Zusammenführung in Übungsverbindungen, das Erfahren des »Alles-oder-Nichts-Prinzips«, den Aufbau von Körperspannung, das »Zum-Stand-Kommen«. Hierfür gibt es übersichtlich angeordnetes Übungsgut und vielfach seit langem erprobte und bewährte methodische Wege.

Formgebundenes Turnen

Damit erfolgt eine Einführung in das Gerätturnen in seiner Eigenart und mit seinen besonderen Erfahrungsmöglichkeiten. Diese »Seite« des Gerätturnens kann als formgebundenes Turnen bezeichnet werden und kennzeichnet aus didaktischer Sicht ganz wesentlich die Sachorientierung bzw. das klassische Vermittlungskonzept und betont die Aneignung von Kulturgut und die Entwicklung von Handlungsfähigkeit.

Nach FUNKE-WIENEKE stellt »alternatives«, freies Turnen »einen Vorgang dar, indem ein Mensch in eine Bewegungsbeziehung zu einem Gerät tritt, bzw. mehrere Menschen das tun und damit auch eine Bewegungsbeziehung untereinander aufnehmen.« (1995, 74) Hierbei wird das Subjekt mit seinen Bewegungsbedürfnissen ernst genommen und schöpferisch herausgefordert – sich etwas einfallen lassen, erfinden, gestalten.

Freies Turnen

Es gibt keine verallgemeinerte ästhetische Norm, vielmehr wird nach der persönlich optimalen Bewegung gesucht. Geräte können, aus der Sicht des formgebundenen Turnens, auch turnuntypisch gedeutet werden, z.B. der Kasten als Baukasten, Leiter, Fahrzeug, Versteck oder Turm (1995), worin besondere Chancen für das Gerätturnen in der Grundschule gesehen werden können.

Kein Zwang zu Höherem

Nach dieser Turnauffassung gibt es »keinen Zwang zu Höherem«. (BRUCKMANN 1993) Es dominieren einfache, an turnerischen Grundtätigkeiten orientierte Übungen, die im Allgemeinen mit den vorhandenen motorischen Fähigkeiten ausgeführt werden können, diese aber auch schulen. Sie gelingen häufig »auf Anhieb« und ermöglichen damit ein unkompliziertes Tätigsein aller Schüler.

Diese »Seite« des Gerätturnens kann als freies Turnen bezeichnet werden und sie kennzeichnet aus didaktischer Sicht ganz wesentlich die Schülerorientierung bzw. die Didaktik des Lernarrangements, die die Entwicklung von Körpersensibilität, Kreativität, Individualität und Sozialität im Prozess des Turnens an Geräten betont.

Gefahren von Einseitigkeiten

Die Bedeutung der Verbindung beider Turnauffassungen wird einsichtiger, wenn man Gefahren von Einseitigkeiten benennt:

»Diktatur der Turnfertigkeit«

Eine Überbetonung oder gar Verabsolutierung des formgebundenen Turnens und sachorientierten Vorgehens führt in letzter Konsequenz zu einer einförmigen Fertigkeitsbimserei, zur »Diktatur der Turnfertigkeit«: Eine Einengung auf nur wenige Leistungsaspekte, wenige Körperübungen und Fertigkeiten, deren Aneignung oder ständige Verbesserung für viele Schüler nicht mehr möglich ist. Leistungsschwächere Schüler werden frustriert und vorgeführt, weil sie immer wieder gezwungen werden, ihre Schwächen zu demonstrieren. Aber auch leistungsstärkere Schüler werden durch über Jahre hinweg weitgehend gleichförmige Anforderungen demotiviert. In diesem Falle kann Gerätturnen tatsächlich zu so etwas wie »altem Mief« in unseren Turnhallen verkommen und zu prononcierter Ablehnung durch die Schüler führen.

»Herumüben«

Ebenso inakzeptabel ist eine Überbetonung des freien Turnens und der Schülerorientierung als letztlich »spontanistische Auseinandersetzung mit Geräten« (TREBELS 1983): Eine in der Grundschule frühzeitig beginnende Erweiterung von interessanten Bewegungsmöglichkeiten an und mit Geräten kann in Klasse 5 oder gar 7/8 nicht mehr in einem befriedigenden Maße fortgesetzt werden. Man bleibt also bei vielen seit langem bekannten Körperübungen, die schließlich nicht mehr als Herausforderung erlebt werden. Gleiches gilt für eine einförmige Forderung nach individuell angemessenem Experimentieren und Selbstbestimmung sowie eine relativ geringe Wertigkeit von vertiefendem Üben, sich Anstrengen, Leisten. So kann die ansonsten sehr zu begrüßende Forderung »kein Zwang zu Höherem« auf Dauer, d. h. über viele Schuljahre hinweg, zu berechtigten Ablehnungen führen. Ein letztlich leistungsarmes Turnen wird reizlos.

5. Reize des Turnens

Angesichts unseres Bemühens, die Attraktivität des Gerätturnens für den Sportunterricht und die Schüler zu erhöhen, kann auf eine Kennzeichnung seiner möglichen Reize nicht verzichtet werden. Um Irrtümer zu vermeiden, ist allerdings folgende Relativierung angebracht:
Reize des Sporttreibens wie auch des Gerätturnens erschließen sich selbst bei ansprechender methodischer Gestaltung nicht jedem Schüler. Darauf orientiert der Begriff »Erziehung«, denn zu Freude oder Interesse am Gerätturnen kann niemand gezwungen werden, hierin ist der Schüler souverän. Der Schüler kann also nur unter günstigen Bedingungen »ergriffen« sein.

Dies ist um so eher möglich, je mehr die Reize des Gerätturnens »zum Schwingen« gebracht werden. Und die nachfolgenden Kapitel müssen daran gemessen werden, ob das mit einer gewissen Wahrscheinlichkeit erwartet werden kann. Hierbei wird es weniger um die Heraushebung einzelner Reize, sondern mehr um ihre Kopplung gehen. Möglichkeiten hierfür bieten sich vor allem durch vielfältig herausfordernde Körperübungen, Bewegungskönnen und damit verbundene Beherrschungsfreude und variable methodische Gestaltung, wobei Akzentuierungen durch Stufenspezifika zu erwarten sind.

5.1 Reichtum an Bewegungsmöglichkeiten

Von vielen Autoren werden Stützen, Hängen, Schwingen, Springen, Balancieren, Rollen, Drehen bzw. Überschlagen als Grundtätigkeiten des Turnens bezeichnet. Diese Grundtätigkeiten sind nicht (mehr) alltäglich. Sie bieten deshalb viele neue, interessante und überraschende Bewegungsmöglichkeiten, die die Schüler herausfordern und zum Erproben, Experimentieren oder Üben verleiten und verschiedene körperliche und auch materiale Erfahrungen versprechen.

Reize der Grundtätigkeiten Die Reize der verschiedenen Grundtätigkeiten können wie im Folgenden gekennzeichnet werden (TREBELS 1985, LAGING 1985):

Schwingen, Stützen
— *Schwingen* als Möglichkeit, an Geräten in rhythmischem Wechsel hin und her zu schwingen, in Schwung zu kommen, diesen vergrößern, erhalten, variieren;

Springen
— *Springen* als Abheben und Sich-Lösen vom Boden oder von Geräten – Gefühl des Schwebens, der Schwerelosigkeit, kleines Fliegen;

Balancieren
— *Balancieren* als Gleichgewicht-Verlieren und Gleichgewicht-Wiederherstellen – die Spannung zwischen beiden Polen, mit der Balance spielen;

Rollen
— *Rollen* als kontinuierliche, »runde« Fortbewegung des Körpers auf ebenen oder geneigten Flächen;

Drehen/Überschlagen
— *Drehen/Überschlagen* als Rotation des Körpers um feste und freie Drehachsen – dabei Fliehkräfte wahrnehmen, mit ihnen spielen.

Diese Charakteristik trifft für freies **und** formgebundenes Turnen zu, wobei vor allem beim formgebundenen Turnen Schwierigkeit und Bewegungsqualität bedeutsamer sind und damit auf weiterführende, sportliche Anforderungen verweisen.

Geräte Die Grundtätigkeiten sind untrennbar mit Geräten verbunden, die ebenfalls nicht alltäglich sind, variiert und erweitert werden können und somit außergewöhnliche, auch »künstliche« Bewegungen ermöglichen. So können neben der herkömmlichen Nutzung der bekannten Standardgeräte diese auch auf unübliche Weise genutzt werden, Kleingeräte (kleiner Kasten, Bank, Turnstab) und weitere Geräte integriert werden (Trapez, Pezziball, Schlappseil – worauf wir in dieser Publikation nicht eingehen). Kann der Partner Gerät sein, sind Gerätekombinationen machbar. (BRUCKMANN 1998)

Gerätschaften, die *Schaukeln* ermöglichen, werden von Vertretern eines schülerorientierten Unterrichts auf Grund ihres zweifellos vorhandenen Erlebnisgehalts immer wieder betont. Allerdings erscheinen uns materielle Voraussetzungen dafür – vor allem Schaukelringe – eher selten vorhanden; die räumlichen Anforderungen in vielfach kleinen Turnhallen sind auffallend und können Bewegungsmöglichkeiten anderer Schülergruppen bzw. -riegen einschränken; schließlich ist der Aufwand für empfohlene Konstruktionen relativ groß, wodurch sich die Bewegungszeit für die Schüler drastisch reduzieren kann.

Die Idee des Gerätturnens verweist auf zwei Aspekte des Bewegungskönnens:
Im Sinne des *freien Turnens* geht es um ein Kennenlernen, Erfinden, Gestalten und begrenztes Beherrschen von zunächst vielfältigen, interessanten Bewegungsmöglichkeiten. Damit verbunden sind Kompetenz- und Körpererfahrungen, wie sie unter 5.1. beschrieben wurden. Weil Schüler hierbei probieren und experimentieren und aus der Vielfalt der Körperübungen auswählen können, werden sich eine Zeit lang auch ohne gezieltes Üben von einzelnen Elementen Erfolgs- und Könnenserlebnisse einstellen.

Dieses Erkunden von ungewöhnlichen Grundtätigkeiten und Geräten bei – heute ebenfalls seltenen – Anforderungen an Arm-, Schulter- und Rumpfkraft kann Spieltrieb, Erkenntnisinteresse, Bewegungsbedürfnis herausfordern und befriedigen, kann ein »aufregendes Bewegen in Neuland voller Überraschungen sein«. (EHNI 1985) Der Aufforderungscharakter von Körperübungen und Geräten und der damit verbundene subjektive, schöpferische, auswählende Umgang dürften außerdem eher geeignet sein, für das Turnen zu motivieren und Ablehnungen in Grenzen zu halten.

Im Sinne des *formgebundenen Turnens* geht es um das zielgerichtete Erlernen und verbesserte Beherrschen von angemessenen, einfachen Turnelementen und Übungsverbindungen mit Anforderungen an Haltung, Bewegungsqualität, Erhöhung der Schwierigkeiten, Auseinandersetzung mit dem »Alles-oder-Nichts-Prinzip«. Immernoch gilt: Sporttreiben wird dann interessant, wenn man etwas kann, sich als kompetent wahrnimmt. Und hierbei kann ein »Hauch« von für das Kunstturnen geltenden Kennzeichen – perfekter, schwieriger, origineller, risikoreicher – die Schüler vielleicht doch herausfordern. Auch oder besonders für das Gerätturnen gilt die individuelle Bezugsnorm, d. h. der Bezug auf die bisherigen Leistungen jedes Schülers.

Beide Könnensaspekte sind für motivierendes Turnen bedeutsam und ermöglichen im günstigen Falle Beherrschungsfreude, Sicherheit und Selbstvertrauen, Selbstwertgefühl, Improvisation, soziales Handeln. Beide Aspekte des Bewegungskönnens bilden auch insofern eine Einheit, als einerseits das Beherrschen vielfältiger Bewegungsmöglichkeiten verschiedentlich zu dem Verlangen führt, bestimmte Übungen perfekter und noch schwieriger

**5.2
Reiz des Bewegungskönnens, Beherrschungsfreude – »aus wenig viel machen«**

Kompetenz- und Körpererfahrungen

Aufregendes Bewegen in Neuland voller Überraschungen

Grenzerfahrungen, Hinausschieben von Grenzen

Beherrschungsfreude, Improvisation, soziales Handeln

auszuführen und damit zu formgebundenem Turnen tendiert, andererseits das Beherrschen von Turnelementen und Übungsverbindungen weiterführende Freiräume für freies Turnen schaffen kann.

»Aus wenig viel machen«

Die Berücksichtigung beider Könnensaspekte ermöglicht ein Übungsangebot, das für alle Schüler Könnenserlebnisse bereithält. Das wird für viele nur auf einer unteren Schwierigkeitsstufe möglich sein, weshalb der Forderung »aus wenig viel machen« (BRUCKMANN 1993) in vollem Maße zugestimmt wird.

5.3 Reize, die in einer weiterführenden methodischen Gestaltung liegen

Wenn auch die Reize, die in der Bewegung selbst liegen, wichtig sind und allein schon den Lehrer belohnen, der vielfältige und interessante Körperübungen anbieten kann, so ist andererseits die methodische Gestaltung von besonderer Bedeutung für einen erlebnisreichen Sportunterricht.

Sport und Spiel für den Schüler aufschließen

Aus einer sportartübergreifenden Sicht kann man methodische Themen unterscheiden, die **1. Sport und Spiel für den Schüler aufschließen** und gebunden sind an die Vollzugsformen des Sports – Üben (motorisches Lernen), Trainieren (Schulung körperlicher Fähigkeiten), Wettkämpfen, Spielen (SCHERLER 1983) – wobei für das Gerätturnen eine weiterführende Differenzierung in Erkunden und Gestalten sinnvoll erscheint. Diese sportlichen Tätigkeiten haben ihre eigenen Reize. Bereits durch ihren Wechsel wird der Sportunterricht interessanter.

Den Schüler für Sport und Spiel aufschließen

Alle Vollzugsformen des Sports können methodisch angereichert bzw. integriert werden, indem man methodische Aspekte berücksichtigt, die wiederum eigene Reize aufweisen und geeignet sein können, **2. den Schüler für Sport und Spiel aufzuschließen:**

Wahlmöglichkeiten

– **Wahlmöglichkeiten** – Wahl/Variation von Elementen, Zusammenstellen von Übungsverbindungen, Entscheidungen für bestimmte Geräte, Paar- oder Gruppenübungen – verdeutlichen häufig erst die Vielfalt an Handlungsmöglichkeiten, befriedigen das Bedürfnis nach Selbstbestimmung und bringen soziale Anerkennung zum Ausdruck.

Miteinander

– **Miteinander, Kooperation** – gegenseitiges Beobachten, Helfen, Sichern, Einschätzen; Entwicklung von Übungsverbindungen, Paar- und Gruppenübungen – begünstigen eine Qualität sozialer Beziehungen, die einen harmonischen Unterricht und eine Atmosphäre erzeugen, die zum weiterführenden Sportunterricht anregen kann.

- **Ästhetische Akzentsetzungen** – Körperspannung, Rhythmus beim Synchronturnen, Gestalten von Übungsverbindungen, Gruppenübungen – können auf Fitness und Figur, Schönheit der Bewegung, Gestaltung und Phantasie orientieren.
- **Umgang mit der Leistung** – Wahl angemessener Schwierigkeiten, Verbesserung der Bewegungsqualität, Gestaltung von Übungsverbindungen und Gruppenübungen – kann den Zusammenhang von angewandter Anstrengung und Resultat sowie das Handlungsgeschehen als vom Schüler selbst bestimmt erfahrbar machen.
- **Differenzieren und Individualisieren** – Orientierung auf unterschiedlich schwierige Elemente bzw. Übungsverbindungen; Verteilung der Aufgaben bei Gruppenübungen – ermöglichen eher Erfolgserlebnisse und zeigen individuelle Stärken auf.
- **Wagnis, Risiko** – Angstlust, die Ungewissheit von Gelingen und Misslingen, Neues das gefährlich erscheint – steigern den erlebten Augenblick, ermöglichen Grenzerfahrungen und das Hinausschieben von Grenzen. (SCHLESKE 1977)
- **Körpererfahrungen** – »Fliegen« bei Sprüngen, Körperspannung, das Gleichgewicht halten, beidseitiges Üben – ermöglichen eine Vielzahl von Informationen, die das Erlebnisfeld erweitern und verändern.
- **Probleme lösen** – Verbindung von Elementen, Ausschöpfen des turnerischen Könnens bei Übungsverbindungen und Gruppenübungen – ist attraktiv durch die nicht bekannte Lösung, das Produzieren vielfältiger Ideen, die sich dabei ergebende Kommunikation, evtl. auch durch den Leistungsvorteil kooperativen Handelns. (BRODTMANN 1984)
- **Gemeinsamer Unterricht für Jungen und Mädchen** – Pyramiden bauen, Paarturnen, Synchronturnen – verweist auf Potenzen für ein weites Betätigungsfeld, für Geselligkeit und Kommunikation.
- **Vermittlung von Wissen** – Übungsmöglichkeiten und -variationen über Arbeitsblätter, Erkennen von Gefährdungen, Helfen und Sichern – kann selbstständiges, verantwortungsbewusstes Üben befördern.
- **Aufgaben für das selbstständige Üben** – Stütz-, Armzug- und Rumpfkraft schulen, einige Bodenelemente zu Hause üben, Gruppenübungen zusammenstellen – verweisen auf eine sinnvolle Freizeitgestaltung und ermöglichen Erfolgserlebnisse durch in kurzer Zeit zu erwartende Leistungsfortschritte.

Ästhetische Akzente

Umgang mit der Leistung

Differenzieren

Wagnis, Risiko

Körpererfahrungen

Probleme lösen

Koedukation

Vermittlung von Wissen

Aufgaben für das selbstständige Üben

Projekte	– **Projekte** – Gruppenübungen, auch mit akrobatischen Akzenten, mit dem Ziel der Vorführung zu Schulfestlichkeiten – aktivieren durch Selbstbestimmung, demokratische Entscheidungen, Vorstellen von Ergebnissen.
Mehrperspektivität	Nahe an dieser Beschreibung methodischer Gestaltungsmöglichkeiten liegt der Gedanke der Mehrperspektivität (Kurz 1992). Danach verweisen die Sinnorientierungen Leistung, Fitness/Figur, Eindruck/Körpererfahrung, Miteinander/Geselligkeit und Spannung/Abenteuer auf sehr unterschiedliche Sinnorientierungen und Gestaltungsmöglichkeiten. Diese wohl immer noch für die Attraktivität des Turnens sprechenden Erkenntnisse können sogar noch erweitert werden.
Turnen als schulische »Eigenwelt«	– Der Reiz des Gerätturnens kann sich auch aus seiner Differenz zum Freizeitsport speisen und damit der Kritik mangelnder Lebensnähe trotzen: Indem man in der Schule etwas erleben kann, was »draußen« nur selten stattfindet, kann Gerätturnen als »Eigenweltliches« an Bedeutung gewinnen.
Hallensportart	– Vielleicht kann auch die Differenz von Sportunterricht unter Freiluft- und Hallenbedingungen von Vorteil sein. Und das vor allem dann, wenn in kleinen Hallen Sportspiele kaum möglich sind. Viele Bewegungsmöglichkeiten auf engem Raum kontrastieren Sportspiele und Leichtathletik draußen und können eine interessante Abwechslung sein.

6. Stufenspezifika

Wir folgen der bekannten Strukturierung in Primar-, Sekundarstufe I und II, differenzieren allerdings die Sekundarstufe I in die Klassen 5 bis 6/7 und 7/8 bis 10. Diese Zweiteilung soll mit den relativ gleichförmig aufgebauten Lehrgängen/Stoffbereichen brechen und Schwerpunktsetzungen ermöglichen, die aufgrund spezieller Erfahrungen und Auffassungen von Lehrern und anderer konkreter Bedingungen natürlich variierbar sind. Allerdings erscheint ein Verzicht auf Akzentuierungen wenig angeraten, weil eine eventuelle Vorwegnahme vieler interessanter Übungsmöglichkeiten wahrscheinlich nur noch wenig Neues ab Klasse 8 bieten kann. Vor allem aber wird dann die Zeit nicht ausreichen, um durch differenziertes Üben Können zu erwerben und zu verbessern. »Wer vieles oder gar alles – zugleich – erreichen will, schafft nichts.«

Stufenspezifika

Für die **Klassen 1–4** dürfte ein vielfältiges Befassen mit und Turnen an Geräten auf nahezu einhellige Zustimmung stoßen. Hier dominieren also die variierten Grundtätigkeiten, die Bewegungsprobleme stellen und damit Erkundungs- und Spielfreude befriedigen und herausfordern. Hierbei wird auch geübt und gelernt, allerdings mit dem Akzent vielfältigen Kennenlernens und Beherrschens einfacher Bewegungsmöglichkeiten. Dieses freie Turnen hat sowohl das Ziel eines abwechslungsreichen, entwicklungsgemäßen Tätigseins als auch der Vorbereitung für nachfolgende Schulstufen.

Klassen 1–4
Freies Turnen

Für die **Klassen 5–7** geht es um die Einführung in die Sportart Gerätturnen durch die Entwicklung von Übungsverbindungen, die formgebundenes Turnen etwas betonen, die Einheit mit dem freien Turnen aber bekräftigen:
- Formgebundenes Turnen wird akzentuiert durch das Ziel, eine Übungsverbindung zu turnen; durch vor allem ausführungsunterstützende Haltungsanforderungen; durch Orientierung auf größere Schwierigkeiten, durch zielgerichtetes Üben zur Erweiterung und Verbesserung des Bewegungskönnens.
- Freies Turnen wird akzentuiert durch die Integration einfacher Elemente in Übungsverbindungen, die den Schülern z.T. schon aus der Grundschule bekannt sind; durch die Wahl von Elementen und Übungsschwerpunkten für die Übungsverbindungen; durch individuelle Entscheidungen zu Ausführung und Schwierigkeit.

Klassen 5–7
Entwicklung von Übungsverbindungen

Solche Übungsverbindungen bieten jedem Schüler Leistungsmöglichkeiten (mit besonderer Fülle beim Boden- und Barrenturnen) und charakterisieren eine originelle Differenz zum traditionellen Fertigkeitsturnen. Zusammen mit der überwiegend noch gegebenen Freude an Bewegung und dem Interesse an sportlichem Können der Schüler halten wir ein solches Profil für diese Schulstufe als geeignet, Lehrer und Schüler herauszufordern.

Zum Üben von Übungsverbindungen können die folgenden generellen Hinweise gegeben werden:
- Zunächst werden jeweils zwei oder drei Elementen gekoppelt. Vor allem in Klasse 5 gibt der Lehrer hierzu Anregungen.
- Die Schüler überlegen sich individuell angemessene Übungsverbindungen von 5 und mehr Elementen. Um Wartezeiten zu reduzieren sollten an den Stationen zwei Übungsmöglichkeiten zur Verfügung stehen und Zusatzaufgaben berücksichtigt werden.

Generelle Übungshinweise

- Am Ende des Stoffgebietes Gerätturnen präsentieren die Schüler ihre Übungsverbindungen am Boden und einem weiteren Gerät ihrer Wahl. Es empfiehlt sich eine (vorher angekündigte) Videoaufzeichnung, die in der nächsten Klassenstufe als Ausgangsniveau gelten, eventuell auch zu einem Elternabend vorgeführt werden kann.
- In den Klasse 6 und 7 werden die Übungsverbindungen angereichert durch weitere, neue Elementen, die Qualität und Schwierigkeit der Elemente, die Qualität der Übungsverbindung (Verteilung von Auf- und Abgängen, Mittelteilen; flüssige Übergänge; »Ausreizen« der eigenen Leistungsfähigkeit).
- Ab Klasse 8 können Teile der Übungsverbindungen auch beim Synchronturnen Anwendung finden. Wir halten es für günstig, wenn neben Boden ein weiteres Gerät für Synchronübungen gewählt werden kann.

Klassen 8–10
Gruppen- und
Synchronturnen

Für die **Klassen 8–10** legen wir den Schwerpunkt auf das Gruppenturnen und Synchronturnen (BRUCKMANN 1990). Das erscheint insofern bedeutsam, als damit
- die Einförmigkeit des Elementeturnens nicht prägend wird und somit Monotonieerleben und psychische Sättigung weniger zu erwarten sind;
- Schüler mit sehr unterschiedlichen Voraussetzungen und Vorleistungen sinnvoll integriert werden können und so vor allem für leistungsschwächere Schüler Misserfolge nicht schon im Voraus entschieden sind;
- kooperative, kommunikative und koedukative Akzente verbunden sind, die sehr jugendgemäß erscheinen und so Erfahrungsräume eröffnen, die einen ständigen Bewegungsdialog zwischen den Partnern ermöglichen;
- sich mehr Wahl- und Mitsprachemöglichkeiten ergeben, die dem Selbstständigkeitsstreben der Schüler entgegenkommen und gleichzeitig die Achtung durch den Lehrer signalisieren.

Ein projektähnliches
Vorgehen anstreben

- ein projektähnliches Vorgehen nahe liegt, weil sich die Schüler(gruppen) nach Durchsicht von Arbeitsblättern entscheiden können und am Ende dieses Unterrichtsabschnitts die Gruppenübungen fotografiert und gefilmt werden können. Diese stehen dann für Wandzeitung, Elternabende, Schulfestlichkeiten zur Verfügung. Und vielleicht kann mit einem solchen Vorgehen ein Beitrag für ein sportliches Klima an der Schule geleistet werden, der gerade dem Gerätturnen wohl kaum noch zugestanden wird.

Die angebotenen Stufenspezifika verweisen idealtypisch (und mit fließenden Grenzen) auf ein jeweils eigenes Profil. Sie lassen ein Konzept erkennen, das einerseits aufgebaut wird und Gerätturnen relativ umfangreich vorstellt. Andererseits sind die Schulstufen nicht so systematisch aufeinander bezogen, dass evtl. zum Teil fehlende Voraussetzungen, womit immer zu rechnen ist, ein entscheidendes Hindernis für die nachfolgende Schulstufe wären. Nochmals betonen wir: Turnen ab Klasse 8 muss anders sein als in den vorherigen Schulstufen, es muss also Neues bieten und möglichst jugendgemäß sein. Die beeindruckende Entfaltung des Gruppenturnens vor allem durch BRUCKMANN (1990) ermöglicht die Verwirklichung dieser Auffassung.

Relativ umfangreiche Vorstellung des Gerätturnens

Durchaus interessante Möglichkeiten eines »anderen« Turnens nennt zuletzt auch FUNKE-WIENEKE (1999, 43 ff.), indem er auf vier Aufgabenbereiche – allerdings für die ganze Sekundarstufe I und demzufolge nahezu für das gesamte Turnen an der Schule – aufmerksam macht: Turnen neu entdecken – sich im Turnen neu entdecken; im Turnen etwas wagen – sich selbst im Turnen wagen; Andere im Turnen entdecken – sich in den Anderen entdecken; im Turnen etwas darstellen – sich im Turnen darstellen.

Andere Stufenspezifika sind möglich

Hier ergeben sich einige prinzipielle Parallelen zu unseren Vorstellungen. Problematisch finden wir allerdings den Verzicht auf Gerätturnen in seiner (traditionellen) Eigenart – Gerätturnen kann nur neu entdeckt werden, wenn der Schüler auch das »alte« Gerätturnen kennt; eine Reihe von Körperübungen/Themen – z. B. Schaukeln, Balanciermöglichkeiten; Märchen, Alltagserfahrungen, Werke bildender Kunst u. a. als Ausgangspunkte für »Bewegungsarbeit« – erscheinen uns organisatorisch und z. T. auch inhaltlich überfordernd; gleiches gilt für die ästhetisch orientierten Qualitätskriterien.

Hierbei wird das Verändern gegenüber dem Bewahren (für das Gerätturnen in der Schule generell) (über)betont, und Umsetzungsmöglichkeiten in der Praxis dürften vielfach als schwierig einzuschätzen sein. Das ist für das Paar- bzw. Gruppenturnen, das auch von FUNKE-WIENEKE integriert wird, und das für viele Sportlehrer neu ist, bei angemessenen Übungsangeboten mit einiger Sicherheit *nicht* der Fall. Gleichzeitig kann unsere Konzentration auf das Gruppen- und Synchronturnen als *zu eng* angesehen werden. Deshalb vermerken wir, dass weitere Möglichkeiten eines »anderen« Gerätturnens (ab Klasse 7/8!) durchaus in Betracht kommen können.

Ausgewogenes Verhältnis von Bewahren und Verändern

7. Zum besseren Verständnis der nachfolgenden Abhandlungen

Prozessuale Orientierungen

Wir bevorzugen eine Systematik der Darstellung, die Möglichkeiten eines interessanten Turnens für möglichst alle Schüler herausheben soll. Das schließt notwendig eine geringere Betonung anderer Aspekte ein.

Zwar erhalten prozessuale Orientierungen eine besondere Bedeutung durch Stufenspezifika; und wir beginnen unsere Abhandlungen mit Bodenturnen und Gerätesprüngen, weil sich so günstige Einstiege in das Gerätturnen ergeben. Detailliertere prozessuale Hinweise, wie z. B. in den Lehrplänen meist erkennbar, bleiben im Hintergrund oder unberücksichtigt. Das gilt auch für andere didaktisch-methodisch bedeutsame Fragen, die wir allerdings so gut wie möglich zu integrieren versuchen, weil diese die pädagogische Qualität in beachtlichem Maße ausmachen.

Strukturierung nach Geräten

Obwohl aus bewegungswissenschaftlicher wie auch aus pädagogisch-didaktischer Sicht (seit TREBELS/CRUM unter Bezug auf van DRIEL 1980) die Orientierung an Grundtätigkeiten wesentlich ist, folgen wir der Schulpraxis, die Gerätturnen und Übungen über Geräte strukturiert. Der entscheidende Grund dafür kann wie folgt gesehen werden: Geräte müssen an verschiedenen Stationen aufgebaut werden; Schüler turnen an ganz bestimmten Geräten, es geht also um Übungsgut an diesen. Die gerätgegenständliche Sicht ist einfacher, tätigkeitsorientierter, organisatorisch einleuchtender als eine gerätunspezifische Sicht auf Grundtätigkeiten – wobei letztlich eine gerätunspezifische Sicht kaum möglich ist. Die Berücksichtigung von Grundtätigkeiten und Geräten bildet also immer eine Einheit, nur der Ausgangspunkt ist diskutabel.

Verwiesen sei auf eine dritte Strukturierungsmöglichkeit nach didaktisch methodischen Themen (vgl. Seite 19; FUNKE-WIENEKE 1999).

Pädagogisch-methodische Hinweise

Wir fassen mögliche Schülerorientierungen, die für *viele oder gar alle Geräte* in Frage kommen können, im Kapitel 8 zusammen. Wir formulieren Fragen (grau untersetzt), die offen lassen, ob diese mehr für die Schüler als Problemorientierung oder mehr für den Lehrer und seine Instruktionen gelten. Obwohl wir uns bemühen, differenzierte, mehrperspektivische didaktisch-methodische Positionen zu berücksichtigen, dominieren Hinweise zu technischen Knotenpunkten, die nach wie vor für Schüler und Lehrer bedeutsam sind. Zusammenfassend und beispielhaft orientieren wir am Ende eines jeden Gerätkapitels auf mehr schülerorientierte methodische Gestaltungsmöglichkeiten.

Wir konzentrieren uns auf Übungsgut für viele, weil hiermit wohl eine Chance für das »Überleben« des Gerätturnens an der Schule gesehen und unser Konzept verdeutlicht werden kann. Auf weiterführende Elemente für leistungsstarke Schüler wird deshalb weitgehend verzichtet.

Übungsgut für alle bzw. viele

Fragen der Zensierung, für die Praxis zweifellos bedeutsam, bleiben in dieser Publikation im Hintergrund, obwohl sie offensichtlich komplizierter werden: Wie zensiere ich eine gut gelungene Boden- oder Barrenübung mit vielen einfachen Elementen im Vergleich zu einer eventuell nicht ganz so gelungenen, mit einer Reihe von schwierigeren, sportlichen Elementen versehenen Übung?
 Wie zensiere ich beim Synchronturnen? Mit welcher Wertigkeit gehen Schwierigkeit und Ausführungsqualität neben Synchronität ein? Wie benote ich die u. U. sehr unterschiedlichen Leistungen einzelner Schüler bei Akrobatik oder Pyramiden?
 Wir verweisen auf BRUCKMANN (1993, 12), die eine Reihe von Kriterien benennt, damit eine gewisse Enge überwindet und Möglichkeiten einer angemessenen Zensierung eröffnet.

Zensierung

Wir waren bemüht, Körperübungen und damit verbundene methodische Hinweise auf möglichst einer Seite so anzuordnen, dass durch Vervielfältigung Arbeitsblätter für die Schüler zur Verfügung stehen. Hiermit kann ein besonderer Akzent für Schülerorientierungen gesetzt werden (insbesondere bei der Zusammenstellung von Übungsverbindungen und von Gruppenübungen).

Angebot von Arbeitsblättern für die Schüler

Unser Bestreben, eine problemgeschichtliche Darstellung zu befördern und methodische Innovationen als wissenschaftlich bedeutsamen Erkenntnisgewinn einzumahnen, gelingt erst seit 1980 mit dem Beitrag von TREBELS/CRUM »Turnen« in der Zeitschrift Sportpädagogik (und wird nachfolgend in der Literatur – in positivem Gegensatz zu anderen Sportarten – recht bewusst gehandhabt.) Vor allem zum formgebundenen Turnen gehörende Hinweise, die keineswegs gering zu schätzen sind, reichen offenbar weit zurück, zumindest dürften sie vielfach deutlich vor den 60er Jahren liegen. Diese Lücke konnten wir noch nicht füllen, und auch unsere Auseinandersetzung mit anderen Beiträgen und Auffassungen muss vor allem aus Platzgründen bzw. im Hinblick auf eine praxisfreundliche Darstellung begrenzt bleiben.

Problemgeschichtliche Aufarbeitung

8. Pädagogisch-methodische Aspekte im Gerätturnen

Erlebnisreiches motorisches Lernen

Wir betonen, dass die Schulmethodik Gerätturnen eine *pädagogische* Disziplin ist und fassen Hinweise, die für viele oder alle Geräte in Frage kommen können, nachfolgend zusammen. Wir stellen Fragen, die für Schüler *und* Lehrer gelten und erläutern diese in Kürze (kursiv).

Der Lernprozess, auch mit Freiheiten für die Schüler, verlangt eine Orientierung auf weitgehend realistische Ziele, die Akzeptanz unterschiedlicher, wie auch unüblicher Bewegungsausführungen und ein aktives Verhalten der Schüler. Allerdings werden damit angemessene Instruktionen durch den Lehrer keineswegs überflüssig. Die inzwischen für den Lernprozess als effektiv ermittelte bildhafte Sprache erhält einen höheren Stellenwert, zumal sie auch Angst abbauen und das Lernen lustiger gestalten kann. Bedeutsam sind Gegensatzerfahrungen, die ein einförmiges Fertigkeitsturnen, auch bei Konzentration auf nur wenige Bewegungsabläufe, nicht zulassen, aber die Grundstruktur der Elemente variabel festigen.

Angemessener Umgang mit der Leistung, Differenzierung, Individualisierung

Welche Elemente und Verbindungen sind von Interesse, weil sie relativ leicht – auf Anhieb – erlernbar sind? Welche Elemente sind deshalb reizvoll, weil sie durch Üben beherrschbar erscheinen?

Ein erlebnisreiches, individuell angemessenes Turnen wird angestrebt; kein Zwang zu Höherem, Schwierigem, durch von »außen« für alle verbindliche Inhalte – aber gewünschter »innerer« Zwang nach Erfolgserlebnissen durch Üben und Sich-Anstrengen. Die Aneignung vieler Elemente steht im Vordergrund, auch als eine notwendige Grundlage für weitere pädagogisch-methodische Akzente.

Erlernen möglichst vieler Elemente

Ist die Übungsverbindung so aufgebaut, dass ihre erfolgreiche Umsetzung mit Anstrengung verbunden ist? Wurden mehr Elemente erlernt bzw. eine bessere Ausführungsqualität erreicht, als ursprünglich erwartet?

Die Schüler sollen in der Erfahrung gestärkt werden, dass Üben und sich Anstrengen lohnt, dass Zufriedenheit besonders dann aufkommt, wenn Leistung mit Anstrengung verbunden ist.

Üben, Sich-Anstrengen lohnt

Welche Elemente sind besonders erstrebenswert, sollen als »Basiselemente« die individuell ausgerichteten Übungsverbindungen prägen? Bei welchen »schwierigen« Elementen lohnt sich ein weiterführendes Üben nicht bzw. ist die Zeit für erlernbare Elemente zu nutzen?

Pädagogisch-methodische Aspekte im Gerätturnen

Ganz bewusst soll sich der Schüler auf der Grundlage eines breiten Spektrums an Turninhalten mit seinen Möglichkeiten und Grenzen auseinandersetzen, wobei das individuell noch Machbare ausgelotet und als erstrebenswertes Ziel gesetzt wird.

Realistische Zielsetzungen

Wo sind evtl. Abstriche an »turnerischer« Ausführungsqualität zugunsten der Bewegungslösung zu machen?
Eine qualitative Verbesserung von gekonnten Elementen ist durchaus erstrebenswert, aber am zeitlichen Aufwand abzuwägen. Vorrang hat ein vielfältiges, auf Erfolgserlebnisse orientiertes Turnen.

Orientierung auf Erfolgserlebnisse

Auf welche verfügbaren bzw. erlernbaren Elemente und Verbindungen sollte sich konzentriert werden und warum? Welche (weiteren) »unüblichen« Elemente aus dem freien Turnen passen gut in eine Übung?
Durch Wahlmöglichkeiten werden die Schüler herausgefordert, sich mit der eigenen Turntätigkeit auseinanderzusetzen, d.h. aber auch, dass eine bestimmte Breite an verfügbaren Elementen vorhanden sein muss, damit überhaupt ausgewählt werden kann. Im Allgemeinen wirkt bereits die Möglichkeit von echten Alternativen mit der Abwahl der ungünstigeren Inhalte positiv, erfolgt eher eine Identifizierung mit den ausgewählten Elementen.

Wahlmöglichkeiten, Probleme lösen

Erst Vielfalt an Elementen schafft Alternativen

Sind Elemente, die beidseitig bzw. widergleich ausgeführt werden können, vielseitig oder in der individuell günstigsten Variante anzubieten? Welche Technikmerkmale bzw. Griffarten sind bei einigen Elementen variierbar?
Um Entscheidungen treffen zu können, bedarf es des Vergleichs, d.h. ein bewusstes Üben, verbunden mit Abwägen eigener Stärken und Schwächen, wird gefördert. Der Blick für Unterschiede und Varianten wird geschärft und kann Impulse für ein zielgerichtetes Üben setzen.

Orientierung auf individuelle Stärken

Wo und in welcher Art wird Hilfe erwartet und vermittelt?
An welcher Stelle des Bewegungsvollzuges ist aktive Hilfe zu geben bzw. ist das abwartende, sichernde Verhalten des Helfers erforderlich bzw. ist Helfen und Sichern nicht notwendig. Übende und Helfer müssen sich absprechen und aufeinander verlassen können. Im Übungsprozess ist dann immer wieder neu zu entscheiden, wo Akzente liegen und worin die günstigste Unterstützung besteht. Die Befähigung vieler (aller) Schüler als Helfer ist schülerorientiert und Voraussetzung für ein effektives Gerätturnen.

Helfen und Sichern als ständig zu lösendes Problem

Auswahl mit und für Partner

Welche Elemente und Verbindungen sind für das Synchronturnen, welche für das Gruppenturnen besonders günstig?
Synchron- und Gruppenturnen sind geprägt durch gemeinsame Interessen und dem Leistungsstand entsprechendes Auswählen und damit verbundenes Problemelösen. Denn vielfach wird erst das Probieren zeigen, inwieweit Entscheidungen Erfolg versprechend sind.

Wagnis, Risiko

Reiz des ungewissen Ausgangs

Welche Elemente und Varianten sind so reizvoll, dass ein vertretbares Risiko eingegangen werden kann?
Dabei kann der Reiz einerseits im ungewissen Ausgang des Lernprozesses selbst liegen, andererseits wirken Elemente durch ihren Risikofaktor stimulierend. Die Schüler müssen ihr persönliches Wagnis abschätzen und sich beim Üben überwinden. Die Gruppendynamik – nach dem Motto: »Was der kann, kann ich auch!« – ermöglicht zusätzliche Impulse und kann zu neuen Grenzerfahrungen führen.

Ursachen für Angst ermitteln

Warum kommt bei einigen Elementen oder an bestimmten Geräten Unsicherheit und sogar Angst auf?
Der Schüler soll sich über sein Verhalten in konkreten Situationen Gedanken machen und selbst ermitteln, ob Unsicherheit bzw. Angst, u. a. durch fehlende körperlich-motorische Voraussetzungen, begründet ist oder negative Erfahrungen die Empfindung überlagern oder Vertrauen fehlt, weil kaum Erfahrungen und Erfolge vorliegen.

Helfen und Sichern sind unverzichtbar

Wie verändert sich die Risikobereitschaft bzw. Angst durch die Person des Helfers und durch die Mattensicherung?
Ursachen für unzureichende Risikobereitschaft bzw. für Angst, die außerhalb des Übenden liegen, treten stärker ins Blickfeld und sind damit u. U. auch zu beeinflussen. Mehr Aufgeschlossenheit für eine ausgewogene Wissensvermittlung im Unterricht, besonders zum Helfen und Sichern, soll erreicht werden, verbunden mit der Überzeugung, dass investierte Zeit für die Herausbildung von Kompetenzen zum Helfen und Sichern sinnvoll eingesetzt ist.

Kleine Kunststücke anstreben

Welche Elemente könnten mit vertretbaren Risiko »auf den Punkt« geturnt werden, d. h. Turnen zugunsten einer schwierigen Ausführung oder höheren Ausführungsqualität?
Der Schüler sollte von sich aus bestrebt sein, seine Leistungsfähigkeit auszuschöpfen, auch unter einer bestimmten Risikobereitschaft. Elemente, die der Schüler als kleine Kunststücke erlebt, können dabei stimulierend wirken.

Pädagogisch-methodische Aspekte im Gerätturnen

Wie kann man beim Rollen, bei Drehungen, beim Springen, Schwingen, Stützen, Balancieren, bei Partner- und Gruppenübungen die Körperspannung spüren?
Diese turntypischen Tätigkeiten werden im Alltag kaum noch vermittelt. Sie ermöglichen besondere Körpererfahrungen und machen den Reiz und Wert des Turnens aus. Die individuellen Zugänge sind aber sehr unterschiedlich.

Körpererfahrungen, Gegensatzerfahrungen

Welche Erfahrungen liegen vor, wenn das gleiche Element am veränderten Gerät, mit unterschiedlichen Griffarten, in unterschiedlichen Bewegungsrichtungen, in Serien oder mit »mehr oder weniger« Körperspannung geturnt wird?
Die Ausführung von gekonnten Elementen in Variationen oder unter unterschiedlichen Bedingungen ist ein günstiger Ansatz, um Körper- und Gegensatzerfahrungen zu spüren. Vorhandene Wahrnehmungsmuster werden mit neuen, z. T. abweichenden Erfahrungen konfrontiert.

Variationen, Kontraste bevorzugen

Welche Erfahrungen werden gemacht, wenn bewusst die Spannung aufgehoben oder kopfabwärts geturnt wird?
Durch ein »Spielen, Variieren« mit gekonnten Elementen in dem oben gekennzeichneten Sinne werden vielfältige (Gegensatz)-Erfahrungen gesammelt – auch mit der Zielstellung, die Wirkung von turnerischen Anforderungen (u. a. Haltung und Spannung) bewusst wahrzunehmen und beim motorischen Lernen zu nutzen.

Gegensatzerfahrungen ermöglichen

Wie können eigene Erfahrungen in der Turntätigkeit in einer aktiven Hilfe für die Mitschüler wirksam werden?
Ein vertieftes Befassen des Schülers mit seinen Bewegungs- und Körpererfahrungen sollte auch dazu führen, die Turntätigkeit der Mitschüler besser wahrzunehmen und unterstützen zu können. Wer seinen eigenen Bewegungsablauf spüren kann, wird sich auch besser in die Situation der Mitschüler versetzen und effektiver helfen können.

Sensibilisierung für sich und andere

Wird ein gegenseitiges Helfen und Sichern als Teil des Unterrichtes verstanden und erfahren? Wird nach dem Prinzip »so viel wie nötig, so wenig wie möglich« geholfen?
Unbestritten ist ein Turnen an den Geräten ohne gegenseitiges Helfen und Sichern nicht effektiv bzw. für einige Schüler nicht möglich. Neben dem Aspekt der Unfallverhütung soll durch das Helfen dem Übenden Sicherheit vermittelt und das motorische Lernen erleichtert werden. Insbesondere erfordert (und fördert) die notwendige Absprache die Kooperation und andere soziale Aspekte.

Miteinander, Kooperation, Koedukation

Helfen und Sichern aktivieren

Pädagogisch-methodische Aspekte im Gerätturnen

Zum Miteinanderturnen anregen

Welche Mitschüler haben ähnliche Übungsschwerpunkte? Bieten sich diese Mitschüler für ein Miteinanderturnen (Gruppen-, Pyramiden-, Synchronturnen) besonders an? Wie sollte die gegenseitige Bewegungsbeobachtung erfolgen, damit sie als sinnvoll wahrgenommen und wirkungsvoll sein kann?

Hinsichtlich des sozialen Lernens kann das Gerätturnen durch die gegenseitigen Bewegungsbeobachtung, beim gemeinsamen Finden und Gestalten von Übungsverbindungen und beim Miteinanderturnen einen wichtigen Beitrag leisten.

Vor- und Nachmachen als Einstieg in das gemeinsame Turnen

Gelingt ein Partnerturnen nach dem Prinzip »vor- und nachmachen« mit wechselseitiger Initiative (mit ca. 10 Elementen)?

Besonders beim Boden- und Barrenturnen ergeben sich Möglichkeiten, um mit einem Partner gemeinsam, kreativ und »offen« zu turnen, d. h. ohne feste Vorgaben, aber unter Berücksichtigung der Leistungsfähigkeit des Partners. Diese Form des Miteinanderturnens enthält viele Möglichkeiten des Gestaltens und der gegenseitigen Akzeptanz.

Arbeitsblätter aktivieren die Schülertätigkeit

Wie wirken Arbeitsblätter, die komprimiert und beispielhaft Elemente und Übungsverbindungen ausweisen, mit ihren Wahlmöglichkeiten und empfehlendem Charakter auf eine angestrebte, aktive Schülertätigkeit?

Finden und Gestalten von Elementen und Übungsverbindungen wird durch Arbeitsblätter unterstützt. Werden sie dieser Aufgabe gerecht, können sie die selbstständige Schülertätigkeit anregen.

Gemeinsames Turnen von Mädchen und Jungen

Wie kann gemeinsames Turnen von Mädchen und Jungen motiviert werden?

Vor allem Partner- und Gruppenturnen kann Mädchen und Jungen unkompliziert zusammenführen. Es ergeben sich spezifische Aufgaben, ohne die die gemeinsam zu verwirklichenden Ziele nicht gemeistert werden können. Insbesondere ab Klasse 8 kann damit ein eher jugendgemäßer, projektorientierter Unterricht bekräftigt werden.

Ästhetische Akzente vermitteln

Körperspannung

Ist bei gekonnten Elementen ein Ansatz turnerischer Haltung zu erkennen? Wird das Bestreben deutlich, Elemente und Verbindungen fließend, rhythmisch zu absolvieren und die Übungsverbindung harmonisch durchzuturnen?

Bei entsprechenden Könnensstand ist auf eine »turnerische« Haltung und Bewegungsausführung Wert zu legen.

Dieses Anliegen ist vorrangig durch die Schüler selbst zu entscheiden. Bei gekonnten Elementen und Übungsverbindungen kann ein (sicher begrenztes) »Austurnen« ein erstrebenswertes Ziel sein (Schönheit der Bewegung).

Harmonische Bewegungsausführung

Wird beim synchronen Turnen ein hohes Gleichmaß der Bewegung erreicht?
Dieses Gleichmaß der Bewegung ist der entscheidende ästhetische Akzent, der in erster Linie vom Einfühlungsvermögen der Partner geprägt ist und weniger vom Schwierigkeitsgrad der Inhalte. Damit erhalten auch turnschwächere Schüler die Möglichkeit, sich mit einfachen Bewegungen ästhetisch auszudrücken.

Gleichmaß der Bewegung

Welche originellen Übungsverbindungen und Gestaltungen des Synchron- und Gruppenturnens gelingen?
Die Vielfalt an Bewegungsmöglichkeiten führt mitunter zu recht unterschiedlichen Lösungen. Schüler und Lehrer sind dann überrascht, dass ihre »Gestaltungsideen« sich so originell ausdrücken lassen. Solche ungewöhnlichen Ergebnisse sind hervorzuheben, können an Wandzeitungen gezeigt und als Bewegungsangebot empfohlen werden.

Phantasie, Gestaltung

Wird auf selbstständiges, häusliches Üben orientiert? Wie wird dazu angeleitet?
Vor allem das Üben von Bodenelementen, aber auch Kraftschulung, die Auswahl von Elementen für Übungsverbindungen, Synchronturnen, Gruppenübungen außerhalb des Unterrichts ermöglichen schneller Erfolgserlebnisse und eine effektive Nutzung der zur Verfügung stehenden Unterrichtszeit. Allerdings benötigen die Schüler hierfür Anleitung und die Möglichkeit, aufgetretene Probleme mit Schülern und dem Lehrer auszutauschen.

Selbstständiges, häusliches Üben

Werden Projekte wahrgenommen? Werden diese auch wirklich schülerorientiert gestaltet?
Projekte können das sportliche Klima an der Schule bereichern, bieten sich insbesondere für Gruppenübungen an und können auf Sportstunden verteilt wie auch zu Projekttagen und -wochen stattfinden. Methodische Schwerpunkte sind Selbstorganisation, zielgerichtete Projektplanung und Produktorientierung (Vorführungen, evtl. auch außerhalb der Schule; Videos), demokratischer Umgang, evtl. auch Interdisziplinarität (Musik, Kunst, Deutsch), evtl. auch Einbeziehung von ehemaligen Schülern und anderen außerschulischen Interessenten und Experten.

Projekte

9. Bodenturnen

Klasse 5
Einführung in mehr formgebundenes Turnen

In Klasse 5 erfolgt eine Einführung in das mehr formgebundene Turnen. Hierfür eignet sich das Bodenturnen besonders. Deshalb sollte im Gerätturnabschnitt damit begonnen werden. Folgende Erfahrungen sind für das nachfolgende Turnen an anderen Geräten bedeutsam:

- Es gibt viele Elemente, z. T. aus der Grundschule bekannt, die für jeden Schüler Übungs- und Leistungsmöglichkeiten eröffnen. Begünstigend ist der Sachverhalt, dass lokale Ermüdungen durch sehr einseitige Belastungen (wie z. T. bei anderen Geräten) kaum auftreten.
- Man hat viele Wahlmöglichkeiten, kann verschiedenes erproben, auch erfinderisch tätig sein und originelle Übungsverbindungen zusammenstellen.

Könnenserlebnisse sichern

- Bei der vorzuführenden Übungsverbindung am Ende eines Übungsabschnitts stellt sich jeder Schüler nur mit solchen Übungen vor, die er möglichst gut kann – er ist also keineswegs gezwungen, sein Nichtkönnen zu demonstrieren.
- Die für das Gerätturnen typische Körperspannung bzw. Haltung kann als ein interessanter Könnensaspekt wahrgenommen werden – bei Rollen, Liegestützformen, Wälzen, Dreh- und Strecksprüngen, später bzw. für leistungsstärkere Schüler auch bei Kopfstand, flüchtigem Handstand, Rad.
- Fleißiges, angestrengtes Üben ermöglicht Erfolgserlebnisse, und das erst recht, wenn die Übungsverbindung nach Absprache auch per Video aufgenommen wird.

Klasse 8
Einführung in Akrobatik/ Pyramidenbau und Synchronturnen

Auch für das Synchron- und Gruppenturnen sollte der Einstieg über das Bodenturnen erfolgen. Akrobatik bzw. Pyramidenbau können ohnehin als ein gewisser Kern des Gruppenturnens angesehen werden und sollten ab Klasse 8 zur »Pflicht« gehören. Auch das Synchronturnen als Fortsetzung des formgebundenen Turnens mit anderen, neuen Akzenten kann beim Bodenturnen gut eingeführt werden. Folgende Erfahrungen für weiterführendes Gruppenturnen betreffen besonders ein projektähnliches Vorgehen:

- das (wechselnde) Finden von Paaren und Gruppen;
- der Umgang mit Arbeitsblättern und die Entscheidung für eine oder mehrere Gruppenübungen;
- das konzentrierte Üben von ein oder zwei ausgewählten Übungen;
- Fotos, Videoaufnahmen und ihre Nutzung für Wandzeitungen, Elternabende, Schulfestlichkeiten, evtl. auch Vorführungen von besonderen, eindrucksvollen und schwierigen Übungen

Bodenturnen

Zielstellungen

Kennenlernen, differenziertes Üben und Variieren von Elementen.
Körperspannung und Haltung entwickeln und bewusst wahrnehmen.
Erarbeitung einer Übungsverbindung mit 8–10 Elementen, mit Rollen als »sportlichem Zentrum«.

Einführung in das Synchron- und Gruppenturnen als »anderes« Turnen.
Kennenlernen und zunehmendes Beherrschen eines projektähnlichen Vorgehens.
Motivation durch Gruppen- und Könnenserlebnisse.

9.1 Klasse 5–7 Vorbereitung einer Übungsverbindung

Eine Orientierung auf Rollen (auch mit Ball), Wälzen, Liegestützformen, Richtungsänderungen in Übungsverbindungen von 8–10 Elementen soll Schülern Geräturnen so vorstellen und durch sie gestalten lassen, wie das auch weiterhin gedacht ist: Vielfalt an Bewegungs- und Wahlmöglichkeiten, für möglichst jeden Schüler angemessene Übungs- und Leistungsmöglichkeiten, sich untereinander kennen und schätzen lernen. Das schließt konzentriertes Üben, Leistungssteigerung, einfaches sportliches Können ein, »aus wenig viel machen«.

Vielfalt der Rollbewegungen nutzen

Veränderungen der Ausgangs- und Endposition bei Rollen vorwärts, rückwärts oder seitwärts, aber auch das Einbeziehen von Drehungen bieten vielfältige Möglichkeiten eines interessanten Übens von Rollbewegungen. Andere, zusätzliche Bewegungsreize entstehen, wenn zeitliche (schnelle bzw. langsame Rollen) oder räumliche (kurze bzw. weite Rollen) Orientierungen erfolgen oder Rollen mit Gleichgewichtselementen (Stände, Einbeinstände, Standwaage) direkt verbunden bzw. mehrere Rollen in Folge geturnt werden. Die Vielzahl an Rollen sichert individuelle Wahlmöglichkeiten bei der Gestaltung anspruchsvoller Übungsverbindungen und kontrastiert das einförmige Üben der »einen« Rolle. Rollen mit Ball erweitern das breite Spektrum der Rollbewegungen und haben Aufforderungscharakter bei der Suche nach weiteren Übungsformen, weil sie angemessene »Kunststücke« für jeden Schüler bieten.

Schülerorientierungen für alle Rollbewegungen

Wie viele verschiedene Rollen werden gekonnt? Welche Rollen gelingen besonders gut, sehen weich und rund aus? Auf welche schwierige(n) Rolle(n) sollte sich konzentriert werden? Welche Rollen können zu Hause geübt werden? Welche und wie viele unterschiedliche Rollen können möglichst fließend in Serien geturnt werden?

Bodenturnen

Rolle vorwärts

Rolle vorwärts von einer schiefen Ebene und von einer Erhöhung

Die Rolle vorwärts aus dem Hockstand in den Hockstand betrachten wir als grundlegende Form, die jeder Schüler schaffen sollte. Vor allem das Aufstehen, ohne mit den Händen abzustützen, bereitet vielfach Schwierigkeiten. Es kann erleichtert werden, wenn die Rolle auf der schiefen Ebene geturnt wird, oder die Landestelle tiefer liegt.

Rolle vorwärts aus dem Hockstand in den Hockstand

Wird der Nacken aufgesetzt? Werden die Arme beim Aufstehen nach vorn geschwungen? Ist die Rolle rund und fließend?

Varianten durch Veränderung der Ausgangsstellung

Rolle vorwärts aus dem Grätschstand

Rolle vorwärts aus dem Liegestütz

Rolle vorwärts aus dem Kniestand

Rolle vorwärts aus der Schrittstellung

Rolle vorwärts aus der Standwaage

Varianten durch Veränderung der Endstellung

Rolle vorwärts in den Sitz

Rolle vorwärts in den Grätschsitz

Rolle vorwärts in die Rückenlage

Rolle vorwärts in die Schrittstellung

Rolle vorwärts mit 1/4 Drehung in den Kniestand

Bodenturnen

Obwohl schon in der Grundschule geübt, sind Rollen rückwärts für viele Schüler durchaus anspruchsvolle Bodenelemente. Es bereitet vielen Schülern Schwierigkeiten, rückwärts über den Kopf zu rollen und auf den Füßen zu landen. Mit »Landung auf den Füßen«, gibt es eine eindeutige Erfolgskontrolle. Aber auch eine Endposition auf den Knien ermöglicht die Fortsetzung mit der Kniewaage.

Rolle rückwärts

Rolle rückwärts aus dem Hockstand in den Hockstand

Wird der Körper schnell nach hinten verlagert? Werden die Handflächen neben den Ohren aufgesetzt? Ist der Körper klein und rund? Erfolgt die Landung auf den Füßen?

Rolle rückwärts aus dem Stand *Rolle rückwärts aus dem Grätschstand* *Rolle rückwärts aus dem Sitz*

Varianten durch Veränderung der Ausgangsstellung

Rolle rückwärts in die Kniewaage *Rolle rückwärts in die Schrittstellung*

Varianten durch Veränderung der Endstellung

Ein Rollen über den Kopf wird vermieden, indem der Kopf auf die Seite genommen und das Rollen über die Schulter erfolgt. Diese Rollbewegung kann mit gehockten Beinen ausgeführt werden. Bei einer gestreckten Ausführung ist ein großes Maß an Körperspannung erforderlich. Sie ist deshalb nur für leistungsstärkere Schüler geeignet.

Schulterrolle

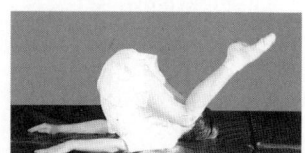

Schulterrolle mit gehockten Beinen

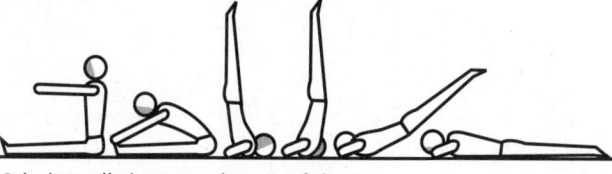

Schulterrolle in gestreckter Ausführung

Bodenturnen

Rolle seitwärts (Wälzformen)

Wälzformen werden im Schulturnen (relativ) selten angeboten, obwohl sie ästhetisch ansprechen und interessante Möglichkeiten der Übungsgestaltung mit Richtungsänderung eröffnen. So können direkte Übergänge zwischen verschiedenen Rollbewegungen geschaffen werden. Eine gute Körperspannung erleichtert die Ausführung. Bei der gestreckten Rolle seitwärts müssen Füße und Arme gleichzeitig gedreht werden, um gerade zu rollen.

Ist die Bewegung rund? Ist eine durchgängige Spannung sichtbar?

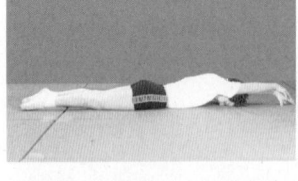

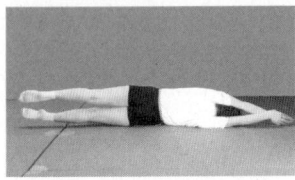
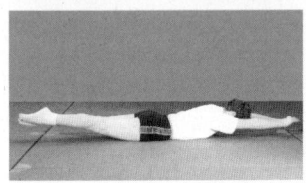
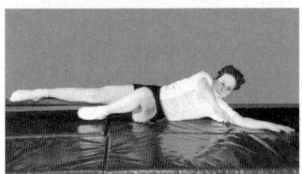
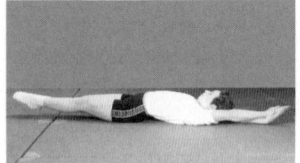

Rolle seitwärts gestreckt aus der Bauch- oder Rückenlage in die Bauch- oder Rückenlage

Rolle seitwärts aus der und in die Rückenlage gehockt über die Bauchlage gestreckt

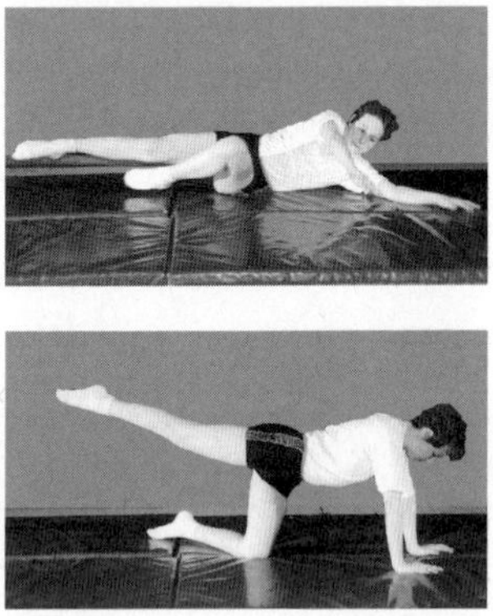

Rolle seitwärts aus der Rückenlage gestreckt in die Kniewaage oder in den Kniestand

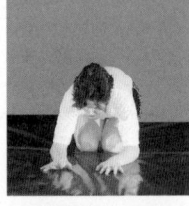
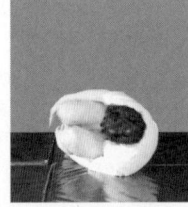

Rolle seitwärts gehockt

Rolle seitwärts mit Grätschen und Schließen der Beine

Bodenturnen

Rollen mit Ball erweitern das Spektrum an Rollvarianten. Sie gewährleisten Wahlmöglichkeiten und entsprechende Anreize für anspruchsvolle, dem individuellen Leistungsvermögen angepasste Übungsverbindungen. Neben Bällen können auch Schaumstoffteile, Tennisringe oder Luftballons genutzt werden.

Rollen mit dem Ball

Ball zwischen die Beine (Füße, Knie) klemmen

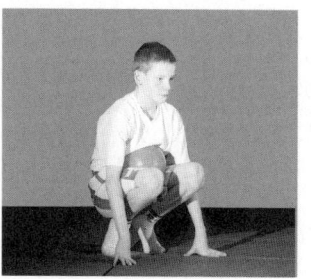
Ball zwischen Oberkörper und Oberschenkel klemmen

Ball unter den Arm klemmen

Kann ohne Nachstützen der Hände am Boden aufgestanden werden? Ist die Rollbewegung trotz Ball rund und fließend? Welche Variante ist günstiger?

Ball vorrollen, Rolle vorwärts und Ball wieder aufnehmen

Ball hochwerfen, Rolle vorwärts und Ball wieder auffangen (auch mit Partner)

Wirkt die Bewegung als Einheit, harmonisch? Gelingt Übung auch mit zwei Rollen?

Weitere Varianten für das Rollen mit Ball sind:
- Rolle rückwärts mit Ball
- Rolle vorwärts über den Ball und dabei den Ball mit den Händen aufnehmen (mitnehmen)
- Rolle vorwärts vor dem Ball und dabei den Ball mit den Füßen aufnehmen (mitnehmen)

Weitere Varianten

Bodenturnen

Gymnastische Verbindungselemente

Gymnastische Verbindungselemente bieten vor allem Mädchen vielfältige Gestaltungsmöglichkeiten beim Aufbau von Übungsverbindungen. Da die Ausführung dieser Elemente nicht an Mattenlagen gebunden ist, können unterschiedliche Raumwege zu interessanten Lösungsvarianten führen. Durch Drehungen werden Richtungsänderungen erreicht (vgl. die Beispiele auf Seite 37).

Ausfallschritt vorwärts, seitwärts oder seitwärts mit 1/4 Drehung

Nachstellsprungschritt seitwärts oder vorwärts (Drehungen sind möglich)

Schersprung

Schrittsprung

Strecksprung ohne oder mit 1/4, 1/2 oder ganzer Drehung

Strecksprung mit 1/2 Drehung in das Schrittknien

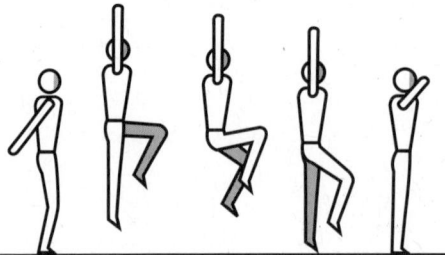

Galoppsprung ohne oder mit 1/4, 1/2 Drehung

Vor-, Rück- oder Seitspreizen eines Beines

Bodenturnen

Liegestützvarianten (auch die Bankstellung) ohne und mit Beintätigkeit können sehr gut in die Gestaltung von verschiedenen Übungsverbindungen einbezogen werden. Sie erhalten Aktualität durch ihre Bedeutung bei Sportaerobic, orientieren auf Körperspannung und können zum Teil ohne Matten (einführend auch frontal) sowie zu Hause geübt werden. Liegestütze können als «Halte», aber auch mit Beugen und Strecken der Arme angeboten werden. Sie gehören zu den elementaren Körperübungen, um ein sicheres und ökonomisches Abstützen und Halten des eigenen Körpergewichts zu erproben. Verschiedene Stützpositionen bieten viele Möglichkeiten, um den Kraftaufwand und die Stabilität bewusst wahrzunehmen. Liegestütze mit geschlossenen Augen bereichern diese Erfahrungen.

Liegestützvarianten

Bankstellung

Bankstellung mit Rückspreizen in die Kniewaage

Bankstellung mit Seitspreizen

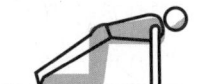
Liegestütz vorlings mit Wechsel in die Bankstellung

Liegestütz vorlings mit Rückspreizen

Liegestütz vorlings mit Seitspreizen

Liegestütz rücklings

Liegestütz rücklings mit Vorspreizen

Liegestütz rücklings mit Seitspreizen

Ist der Körper gestreckt, gespannt (Selbst- und Fremdbeobachtung)? Welche Variante ist möglich, günstig und interessant? Welche Übergänge bieten sich an? Sind Wiederholungen, Serien in guter Qualität möglich? Wie fließend und harmonisch gelingen die Wechsel der Stützformen?

Bodenturnen

Wechsel vom Liegestütz vorlings in den Kniehockstütz

Hockliegestütz mit wechselseitigem Anhocken und Strecken eines Beines

Hockliegestütz mit wechselseitigem Seitstellen eines Beines

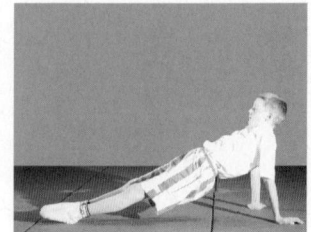

Aus dem Liegestütz vorlings 1/2 Drehung in den Liegestütz rücklings oder in den Sitz bzw. umgekehrt

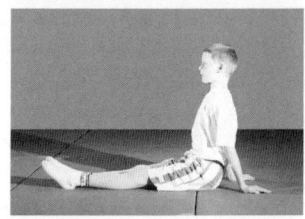

Liegestützwechsel von den Händen auf die Unterarme

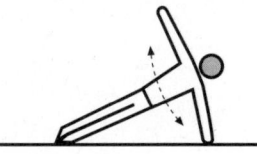
Aus dem Liegestütz vorlings Rumpfdrehen seitwärts zu beiden Seiten

Aus dem Liegestütz vorlings in den Liegestütz rücklings vorhocken oder laufen

Aus dem Hockliegestütz Kreisspreizen eines Beines (gestrecktes Bein unter dem Körper kreisen, Arme dabei nacheinander kurz anheben, mit dem anderen Bein das Schwungbein überspringen)

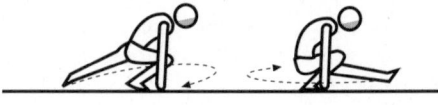

Bodenturnen

Einförmige Vor- und Rückwärtsbewegungen lassen sich durch vielfältige Richtungsänderungen auflockern. Dafür eignen sich u. a. die bereits ausgewiesenen Rollbewegungen, Liegestützformen sowie gymnastische Elemente und Strecksprungvarianten mit Drehungen. Für Übungsverbindungen ergeben sich interessante Raumvarianten und individuelle Gestaltungsmöglichkeiten.

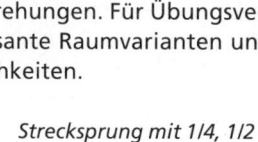

Richtungsänderungen

Strecksprung mit 1/4, 1/2 oder 3/4 Drehung

Strecksprung mit 1/2 Drehung in das Schrittknien

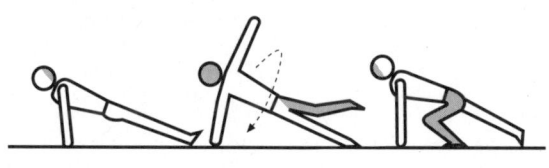

Liegestütz rücklings, ein Bein hochspreizen und 1/2 Drehung in den Ausfallschritt

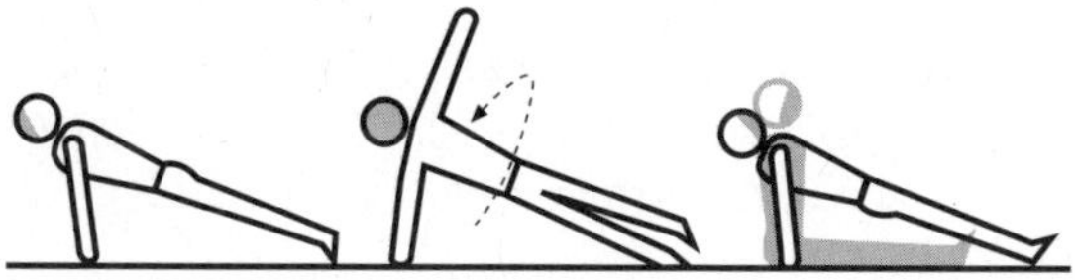

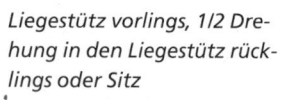

Liegestütz vorlings, 1/2 Drehung in den Liegestütz rücklings oder Sitz

Aus der Kerze mit einer 1/4 Drehung in die Bankstellung oder in den Kniestand vorrollen

Aus der Kerze mit einer 1/2 Drehung in die Bauchlage vorrollen

Aus dem Kniestand mit 1/4 Drehung in den Winkelsitz

Grätschstand, Kniebeugen auswärts und 1/4 Drehung seitwärts zum Ausfallschritt

Kopfstand

Der Kopfstand ist ein traditionelles, klassisches Schulturnelement. Weil er auch zu Hause geübt werden kann, sollte der Kopfstand mit angehockten Beinen auch von allen Schülern angestrebt und mit Hilfe erlernt werden.

Kopfstand aus der Hocke

Der Kopf (Stirn) und die Hände bilden beim Kopfstand auf dem Boden ein gleichseitiges Dreieck

Setzen die Hände und der Kopf (am Haaransatz) in einem gleichseitigen Dreieck auf? Werden die gehockten Beine langsam gestreckt? Ist eine Körperspannung erkennbar? Kann der Kopfstand fixiert werden?

Erleichterung durch eine Erhöhung

Erleichtert wird der Kopfstand, wenn der Übende auf einem Kastendeckel kniet. Helfer geben Stabilisierungshilfe an den Oberschenkeln. Das Abrollen gelingt besser, wenn der Körper des Übenden in die Bewegungsrichtung anfällt und die Beine nicht zu früh angehockt werden. Der Kopfstand ohne Hilfe vor der Wand oder Sprossenwand kann die notwendige Körperspannung verdeutlichen.

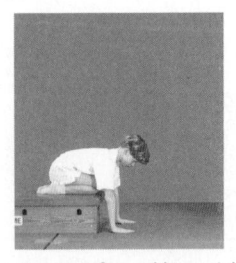

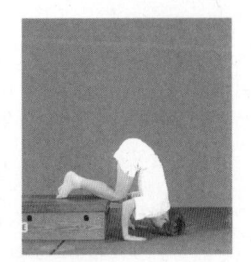

Der Kopfstand lässt sich von einer Erhöhung leichter erlernen

Kopfstand aus der Schrittstellung

Kopfstand aus dem Grätschstand

Kopfstand mit gestreckten Beinen

Bodenturnen

Der Handstand (bzw. durch den flüchtigen Handstand turnen) gehört zu den schwierigen, aber attraktiven Elementen des Schulturnens. Helfen und Sichern sind zu gewährleisten und zu Beginn des Lernprozesses eine notwendige Voraussetzung. Mit Klammergriff am Oberschenkel wird der Handstand abgesichert und damit auch die Angst genommen, das eigene Körpergewicht nicht tragen zu können.

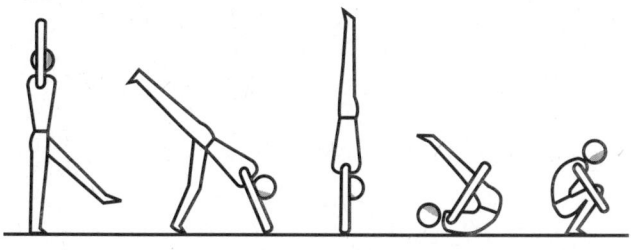

Handstand (flüchtiger)

Hilfe beim Handstand

Schwingen in den Handstand und Abrollen

Werden die Hände schulterbreit aufgesetzt? Ist der Blick auf die Hände gerichtet? Ist der Körper gespannt und gestreckt?

Methodische Erleichterungen helfen, Stütz- und Bewegungserfahrungen in dieser ungewohnten Kopfabwärtsposition zu sammeln und den Handstand gut vorzubereiten (besonders auch über Körperspannung). Jeder Schüler kann selbst erproben, was für ihn machbar ist und kann weiterführend üben. Verschiedene Stationen können das Bewegungsinteresse anregen.

Erleichterung durch Gerät- und Partnerhilfe

Handstand an der Sprossenwand

Handstand am Kastendeckel mit zwei Helfern

Handstand am Schwebebalken (Kasten, Bock)

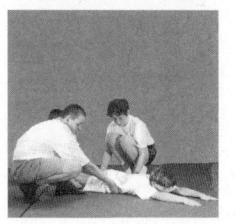

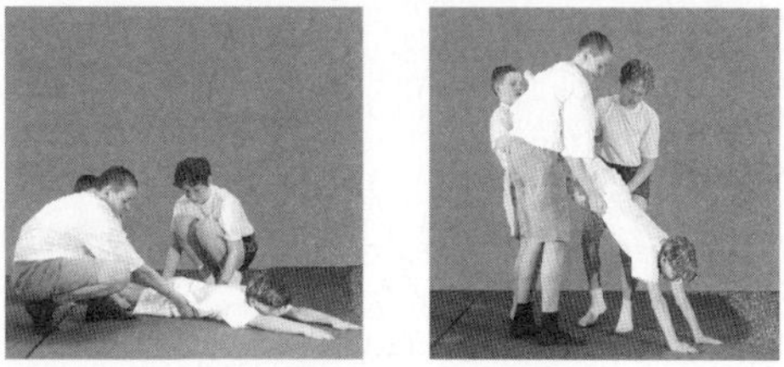

Handstand mit drei Helfern

Bodenturnen

Erhöhte Ausgangsposition erleichtert den Handstand

Erleichtert wird das in den Handstandkommen, wenn eine erhöhte Ausgangsposition vorhanden ist.

Schwingen in den Handstand von einem Turnhocker

Ist ein aktiver Beinrückschwung zu erkennen? Sind die Arme gestreckt? Ist der Körper fest und gerade? Kann mit Hilfe der Handstand kurz fixiert werden? Erfolgt das Abrollen kontrolliert und harmonisch?

Abrollen aus dem Handstand

Dem Abrollen aus dem Handstand wird verschiedentlich zu wenig Bedeutung beigemessen. Im unzureichenden Abrollen liegen oft Hemmungen und Angst begründet. Das Abrollen kann nur mit Hilfe geübt werden. Wichtig ist, dass zuerst der gespannte Körper in die Bewegungsrichtung anfällt, der Körperschwerpunkt also über die Stützstelle hinweg nach vorn verlagert wird und erst nach dem Beugen der Arme das Kinn zur Brust genommen wird. Helfer führen in die Abrollbewegung hinein.

Abrollen mit Hilfe eines Partners aus der Schubkarre

Abrollen mit Hilfe eines Partners am Kasten

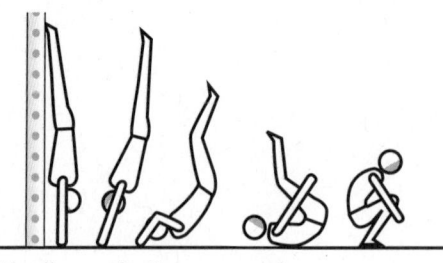

Abrollen an der Sprossenwand

Abrollen auf eine erhöhte Mattenlage

Bodenturnen 41

Im Alltag sind »radschlagende Kinder« immer noch anzutreffen. In einer »turnerischen« Ausführung ist das Rad ein anspruchsvolles Element. Eine beidseitige Ausführung ist anzuregen, wobei weiterführend oftmals mit der bevorzugten Seite geturnt wird. Das Mitsprechen »rechts-rechts-links-links« oder »links-links-rechts-rechts« erleichtert es, den Rhythmus zu erfassen.

Handstütz-Überschlag seitwärts – »Rad«

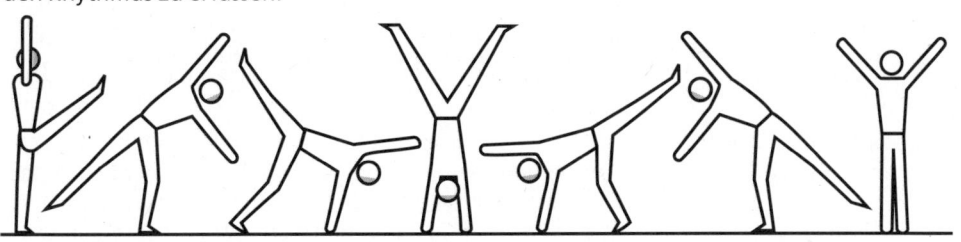

Handstütz-Überschlag seitwärts rechts

Sind die Arme zu Beginn (Vorspannung) und am Ende des Rades in Hochhalte? Wird der Fuß weit nach vorn und die erste Hand gerade vor dem Fuß aufgesetzt? Erfolgt ein deutliches Nacheinander der Hände beim Aufsetzen und Abdrücken vom Boden? Ist der Einsatz des Schwungbeines nach hinten-oben erkennbar?

Diese Übungen ermöglichen den Hand- und Fußaufsatz sowie Rhythmus zu üben bzw. zu finden (Üben im Strom).

»Überradeln« von Bänken
»Radeln« von Erhöhungen

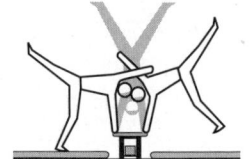

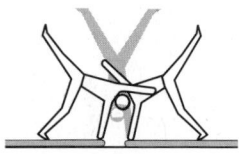

Überradeln von Bänken   Radeln von einer Erhöhung (Matte, Sprungbrett) oder über Gräben

Markierungen für die Hand- und Fußkontakte (beginnend in einer »weiten« Krümmung bzw. Gasse) sind Hilfen, um das Rad immer mehr auf einer Linie turnen zu können.
Eine waagerecht bzw. schräg gehaltene Schnur zwingt zum aktiven Einsatz der Beine (dynamische Bewegungsausführung). Entsprechend dem Könnensstand kann die Schnur im Verlauf des Übens höher gehalten werden.
Das Turnen von einer Erhöhung (zwei Matten, Kastendeckel) erleichtert den zweiten Teil des »Rades«, das Aufrichten in den Stand, weil die Landung auf der tiefer liegenden Matte erfolgt. Wird das Rad gekonnt, kann es aus dem Anlauf mit Anhüpfen als »schnelles« Rad geturnt werden, auch links und rechts in Folge.

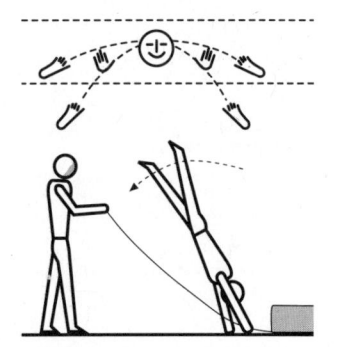

Hilfsmittel zur Unterstützung des Lernprozesses

9.2 Klasse 5–7 Übungsverbindungen

Im Mittelpunkt der Klassen 5–7 und als langfristige Aufgabe bis zur Klasse 7 steht für alle Turngeräte das Erarbeiten, Erweitern, Verändern und Erschweren individuell geprägter Übungsverbindungen. Beim Bodenturnen ergibt sich, wie bei keinem anderen Gerät, eine Vielfalt an Bewegungsmöglichkeiten. Diese Vielfalt ermöglicht auch bei unterschiedlicher Leistungsfähigkeit der Schüler längere Übungsverbindungen (bisher vielfach durch eine Konzentration auf die fünf Bodenelemente – Rolle vorwärts und rückwärts, Kopfstand, Handstand-Abrollen, Rad – mehr postuliert als tatsächlich praktiziert).

Übungsverbindungen individuell gestalten

Dieser Sachverhalt entlastet den Lehrer allerdings nicht von vielfältigen Anregungen insbesondere in den Klassen 5/6, denn für diese Schüler sind eben nicht nur Elemente und Haltungsanforderungen neu. Wichtig sind Hinweise zur Gestaltung von Richtungsänderungen, um Übungsverbindungen auch bei begrenzten Räumlichkeiten und dem anzutreffenden Mattenbestand zu ermöglichen. Das gegenseitige Beobachten, Beraten, Helfen, sowie Nachmachen erleichtern einen systematischen und schrittweisen Aufbau von Bewegungsfolgen.

Effektive Übungsformen nutzen

An einer Turnmatte sollten zwei bis drei Schüler ihre Elemente turnen. Weil an jeder Station Matten benötigt werden und Bodenturnmatten vielfach nicht zur Verfügung stehen, ist ein Üben im Wechselbetrieb oft notwendig.

Wenn unser Anliegen darin besteht, dass jeder Schüler seine Übungsverbindung zusammenstellt und gestaltet, können die nachfolgenden Anordnungen von Elementen nur Anregungen für mögliche Übungsverbindungen sein.

1 Rolle vorwärts in die Rückenlage;
2 Zurückrollen in die flüchtige Kerze und wieder Abrollen in die Rückenlage;
3 1/2 Drehung in die Bauchlage;
4 Aufstützen der Hände in den Liegestütz und Zurückschieben in den Fersensitz;
5 Rückspreizen eines Beines in die Kniewaage;
6 Rückbewegung in den engen Fersensitz und Rolle seitwärts gehockt;
7 Anhocken in den Hockstütz;
8 Strecksprung mit 1/2 Drehung in den Stand

Bodenturnen

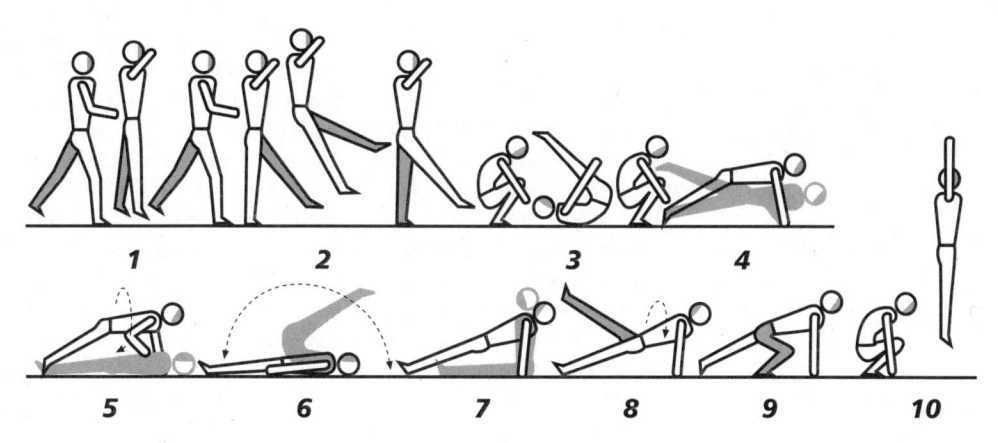

1 Nachstellschritt;
2 Schersprung;
3 Rolle vorwärts in den Hockstand;
4 Vorhechten in den Liegestütz und Armbeugen mit Rückspreizen eines Beines;
5 Durchschwingen des rechten Armes mit 1/2 Drehung in die Rückenlage;
6 Heben der gestreckten Beine in die Kipplage;
7 Winkelsitz und Heben in den Liegestütz rücklings;
8 Vorspreizen eines Beines;
9 1/2 Drehung mit Anhocken des vorgespreizten Beines in den Hockliegestütz;
10 Anhocken und Strecksprung in den Stand oder Kopfstand mit Abrollen

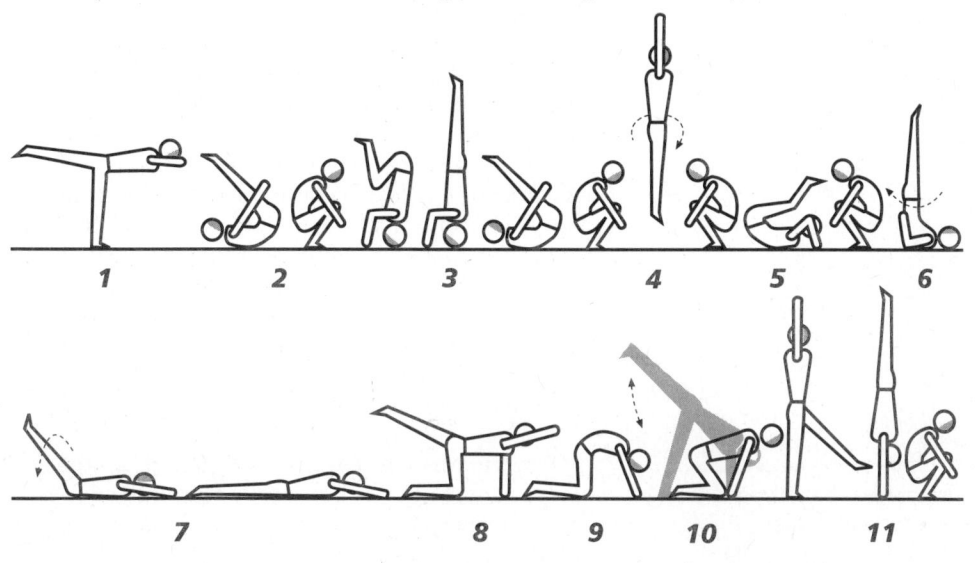

1 Standwaage;
2 Rolle vorwärts in den Hockstand;
3 Kopfstand und Abrollen in den Hockstand;
4 Strecksprung mit 1/2 Drehung;
5 Rolle rückwärts in den Hockstand;
6 Rückrollen zur flüchtigen Kerze;
7 Vorrollen mit 1/2 Drehung in die Bauchlage;
8 Bankstellung, Kniewaage mit Heben eines Armes;
9 Katzenbuckel;
10 Handstütz nahe der Knie, Beinstrecken und Rückspreizen;
11 Aufrichten, Handstand und Abrollen

9.3 Klasse 8–10 Partner- und Gruppenturnen

Neue interessante Bewegungs- und Gestaltungsmöglichkeiten in den höheren Klassen ergeben sich durch vielfältige Formen des Partner- und Gruppenturnens. Im Vordergrund steht die aufeinander abgestimmte Bewegung, das gemeinsame Handeln und Gestalten. Über ein Spielen mit dem Gleichgewicht in vertrauensvoller Atmosphäre sollen positive Körper- und Sozialerfahrungen gemacht werden. Darauf aufbauend ergibt sich fast automatisch ein (selbstbestimmter) Leistungs- und Wettbewerbsgedanke. Pädagogisch wertvoll ist diese Art des Turnens vor allem durch das Miteinander-Umgehen. Durch die intensive Auseinandersetzung mit Partnern werden Kommunikation, Kooperation und u. U. die Koedukation gefördert.

Partnerakrobatik und Pyramidenbau

Es gibt viele »einfache« Figuren, die eine erstaunliche Wirkung erzielen und relativ schnell umgesetzt werden können. Zeichnungen und Bilder (u. a. als Arbeitsblätter) haben Aufforderungscharakter und ermöglichen Selbstständigkeit. Im Rahmen des Zusammenwirkens aller Beteiligten sind differenzierte Aufgaben zwangsläufig gegeben. Besonders auch für Schüler, die sich als zu dick oder unsportlich empfinden, ergeben sich gute Möglichkeiten zur Integration. Zum Teil übernehmen sie die »tragenden« Aufgaben der unteren Person. Der Lehrer nimmt mehr eine beratende, helfende Funktion ein. Ergebnisse dieser Turntätigkeit überraschen oft alle Beteiligten hinsichtlich Kreativität und Aktivität vieler Schüler.

Ohne Körperkontakt sind Partnerakrobatik und Pyramidenbau nicht möglich. Die emotionale Befindlichkeit ist deshalb zu beachten. Die Wahl von Partnern bietet sich besonders zum Anfang an, damit der direkte Körperkontakt nicht negativ wirkt. Kommunikation ist ein wesentlicher Bestandteil dieser Turntätigkeit. Rückmeldungen und gegenseitiges Korrigieren beeinflussen nicht unwesentlich den Lernerfolg und das Körpererleben.

Grundlegende Regeln zur Partnerakrobatik und zum Pyramidenbau

- **Vor dem Bau Absprache treffen:** Wer nimmt welche Position ein? Auf- und Abbau genau vorausplanen! Wer gibt Kommandos?
- **Aufbau:** Schnell, aber nicht zu hastig!
- **Präsentation:** Höchstens 3–4 Sekunden präsentieren!
- **Abbau:** Kontrolliertes, vorsichtiges Absteigen; niemals unkontrolliert abspringen! Der Abbau erfolgt in der Regel in umgekehrter Reihenfolge zum Aufbau.
- Ständig auf eine aufrechte Körperhaltung achten!
- Auf vertrauensvolles Helfen und Sichern orientieren.

(vgl. BLUME 1995)

Bodenturnen

Nicht zu weiche Turnmatten benutzen, da eine gute Standsicherheit für das Ausbalancieren benötigt wird. Da das Balancegefühl in den Füßen wichtig ist und wegen der Druckstellen sollte mit Gymnastikschuhen, in Socken oder barfuß geturnt werden. Übungen zur Körperspannung und partnerorientierte Gleichgewichtsübungen tragen zu einer guten Vorbereitung bei. Die obere Position nimmt nach Möglichkeit immer ein leichterer Schüler ein. Beim Spiel mit dem Gleichgewicht muss die obere Person lernen, die Körperspannung zu halten (fest wie ein Brett sein). Die untere Person kann dann besser ausbalancieren. Eine gerade Wirbelsäulenhaltung (weder Hohlkreuz, noch Katzenbuckel) ist bei allen Übungen von Bedeutung und sollte von Anfang an konsequent eingehalten werden.

Auf Standsicherheit achten

Gerade Wirbelsäulenhaltung

Für die Partnerakrobatik bieten sich folgende Griffvarianten an:
- mit eingehakten Fingern
- Hand in Hand
- Handgelenksgriff

Bei der Bankstellung sind die Arme in Schulterbreite, die Beine in Hüftbreite und stets senkrecht zu stellen. Das Stehen und Stützen erfolgt auf dem Becken bzw. auf den Schultern. Der Aufbau beginnt mit dem Stütz beider Hände, erst dann werden die Füße nacheinander aufgesetzt.

Unterposition Bankstellung

In der Rückenlage mit angewinkelten Beinen sind die Füße auch hüftbreit auseinander zu setzen.

Unterposition Rückenlage

Bei der leicht gehockten Körperstellung ist der Oberkörper senkrecht zu halten und die Oberschenkel, Unterschenkel und Füße sollten eine Linie bilden. Ein Helfer in Bankstellung kann als »Stuhl« dienen und den Lernprozess erleichtern.

Bei einer stehende Figur muss die untere Person darauf achten, dass die Wirbelsäule gerade gehalten wird und die Kniegelenke leicht gebeugt werden (zum Ausbalancieren).

Unterposition Stand mit gebeugten Beinen

Werden die grundlegenden Regeln des Pyramidenbaues eingehalten? Stimmt die Selbst- mit der Fremdbeobachtung überein (z.B. bezogen auf die Körperhaltung und Empfindungen)? Wo und warum treten Hemmungen auf? Kann die Muskelspannung bezogen auf den ganzen Körper bewusst gehalten werden? Gelingt ein Spielen mit dem Gleichgewicht in ausgewählten Situationen?

Unterposition Stand mit »gestreckten« Beinen

Bodenturnen

Partnerakrobatik

Im Folgenden werden Beispiele zur Partnerakrobatik mit der unteren Person in Bankstellung bzw. in Rückenlage dargestellt. Ein zweites Paar sollte Helfen und Sichern. Weil die Bewegungserfahrungen unter Ausnutzung vielfältiger Sinneseindrücke entstehen und in ihrer Wechselwirkung mit dem Bewegungsverhalten des Partners erlebt werden, lernen die Schüler ihre Bewegungen bewusster zu verarbeiten.

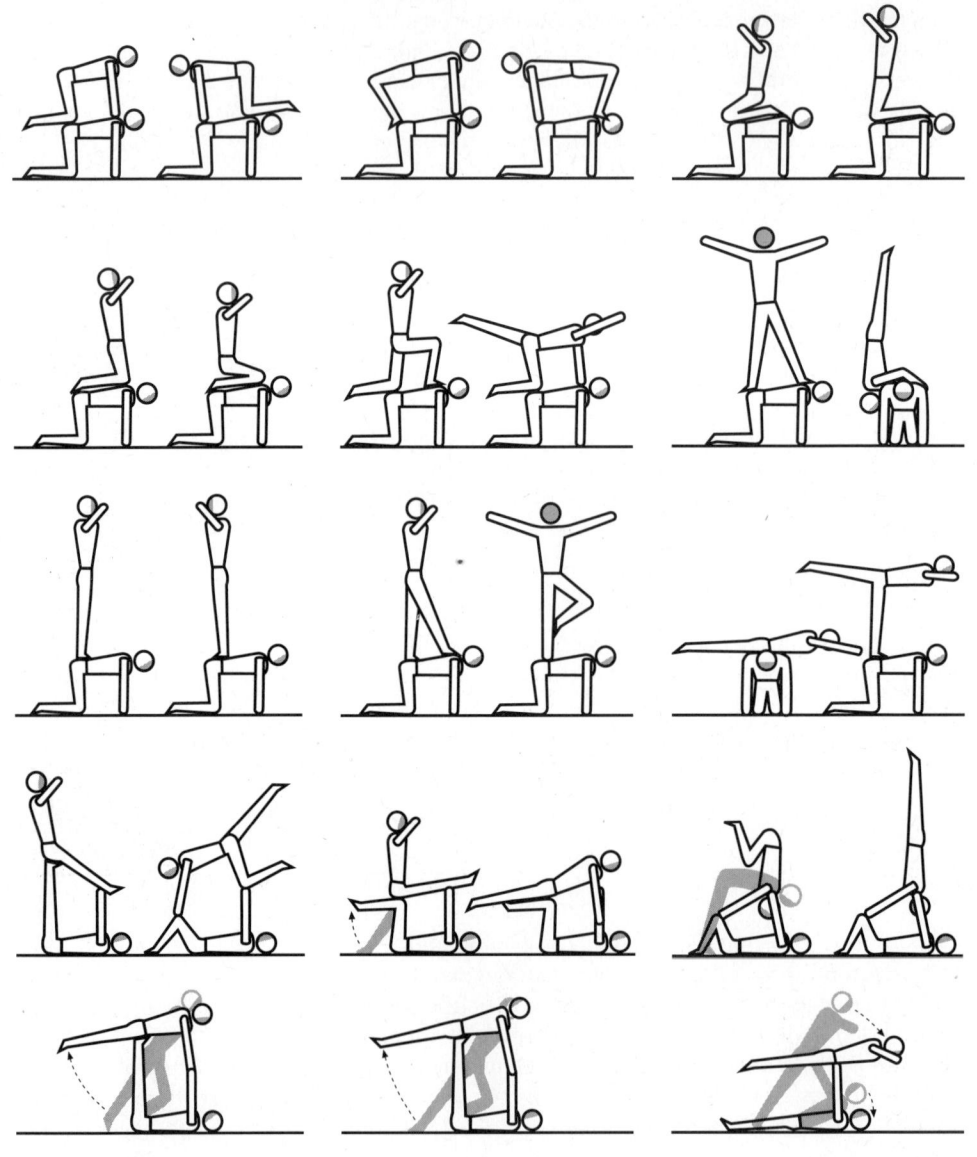

Bodenturnen **47**

Die Beispiele zeigen Liegestützformen und Partnerakrobatik mit leicht gehockter Stellung. Das Helfen und Sichern sollte durch ein zweites Paar gewährleistet werden.

> Wer kommt als oberer oder unterer Partner in Frage? Welche Position reizt am meisten? Wie kommt man am besten in die richtige Position? Bei welchen Formen können die Partner ihre Position auch wechseln? Ist ein Beugen und Strecken der Arme möglich, auch von beiden Partnern gleichzeitig (Liegestütz)?

Aufgangsvarianten (Helfer unterstützen)

Aufgangsvarianten (Helfer unterstützen)

Pyramiden zu dritt

Pyramiden zu dritt stellen höhere Anforderungen an die Schüler. Auch hier kann das Helfen und Sichern durch eine zweite Gruppe gewährleistet werden.

Bodenturnen

49

Pyramiden zu viert oder mit noch mehr Teilnehmern sind eher ungewöhnlich und zugleich besonders reizvoll, weil jeder Mitwirkende sich permanent einordnen muss. Dieser Dialog vollzieht sich, neben dem verbalen Austausch, sehr stark über nonverbale Signale, wie Blickkontakte, taktile und kinästhetische Empfindungen. Diese Sensibilisierung führt u. a. auch zur besseren Wahrnehmung des eigenen sowie fremden Körpers und fördert das Helfen und Sichern.

Pyramiden zu viert und mehr

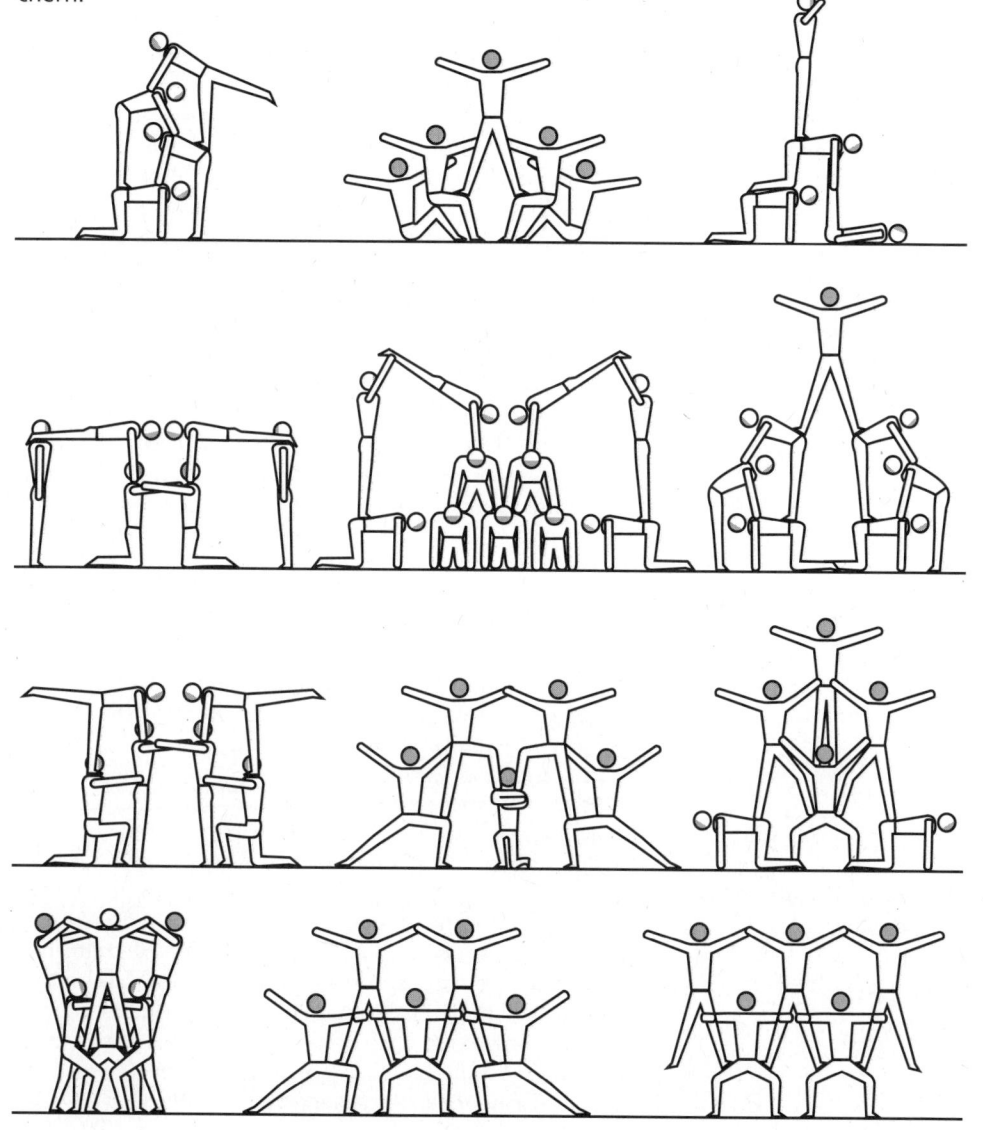

Bodenturnen

Neue Akzente ab Klasse 8
Synchronturnen

Hiermit findet das Turnen in den Klassen 5–7 eine Fortsetzung, allerdings mit der nun anderen Aufgabe, sich auf Elemente bzw. Übungsverbindungen mit einem evtl. auch mehreren Partnern einzulassen. Nun treten Bewegungsbeginn, -tempo, -umfang, -rhythmus und -dynamik und damit verbundene Beobachtungs- und Anpassungsfähigkeit in den Vordergrund. Gleichzeitigkeit und Gleichmaß des gemeinsamen Bewegens ist das Ziel. Dies wird um so besser gelingen, wenn Stärken und Schwächen des Partners Beachtung finden. Begleitendes Sprechen begünstigt den Lernprozess und geeignete Musik kann den Gesamteindruck wesentlich bereichern.

Anwendung von
Gekonntem/Bekanntem

Für das Synchronturnen eignen sich alle unter 9.1. und 9.2 gekennzeichneten Übungsformen. Weil beim Synchronturnen Momente des Auswählens, Probierens und Veränderns bekannter Elemente und Verbindungen unentbehrlich sind, ist die Form des Gestaltens mehr als nur »Nachmachen/Nachgestalten«. Je nach Könnensstand ergeben sich Wahlmöglichkeiten bei der Zusammenstellung von Bewegungsfolgen.

Gleichmaß der Bewegung
ist das Ziel

Für das synchrone Turnen ist der Gesamteindruck, ein gleichlaufendes Bewegungsbild entscheidend und nicht der Schwierigkeitsgrad der Inhalte. Damit können sich auch turnschwächere Schüler gut präsentieren. Während bei der Einführung des Synchronturnens in der Regel vorgegebene Bewegungen genutzt werden, sollten im weiteren Verlauf in Kleingruppen zunehmend eigene Ideen entwickelt und umgesetzt werden. Blickkontakte während der gesamten Übung erleichtern das gemeinsame Turnen.

Aufstellungs- und
Bewegungsformen

- **Aufstellung:** hintereinander, nebeneinander oder gegenüber unter Beachtung der räumlichen Nähe
- **Beginn/Einsatz:** gleichzeitig oder versetzt (im Strom) nach angemessener Auftaktbewegung durch Blickkontakt und/oder Zuruf
- **Bewegungsrichtung:** parallel, voneinander weg, aufeinander zu oder aneinander vorbei
- **Übende:** in Partnerschaften oder Kleingruppen

Absprachen sind
erforderlich

Welche Elemente und Verbindungen sind in ihrer Ausführung so variabel, dass eine räumliche und zeitliche Anpassung leicht möglich ist? Welche Ausführungsmöglichkeit wird von den Partnern beherrscht und bietet sich deshalb an? Wo sind bei Bewegungsverbindungen möglicherweise Haltephasen bzw. Pausen sinnvoll, um die übungsbegleitende Anpassung zu erleichtern?

Bodenturnen

> Wie können die einzelnen Übungen in ein harmonisches Ganzes einfließen? Welcher Abstand zum Partner, welche Raumwege und Richtungsänderungen sind unter den konkreten Bedingungen (Mattenbahn) günstig. Durch welche angemessenen Auftaktbewegungen wird der gemeinsame Bewegungsbeginn eingeleitet? Welche unterschiedlichen Elemente können gleichzeitig, kontrastreich geturnt werden und dabei den synchronen Charakter der Übung verstärken (z.B. Hoch-tief-Effekt)?

Rollbewegungen bieten sich für das Synchronturnen wegen ihrer Unkompliziertheit, ihrer Vielfalt (vor-, seit- und rückwärts mit unterschiedlichen Ausgangs- und Endstellungen) und ihrer Ausführung im Strom an (mehrere Rollen nacheinander). Rollbewegungen mit direktem Körperkontakt zwischen den Partnern erweitern die Möglichkeit einer synchronen Ausführung. Außerdem lassen sich die verschiedenen Rollbewegungen gut miteinander kombinieren und es bieten sich Varianten in der Bewegungsrichtung an (hinter-, nach-, neben- und gegeneinander).

Rollbewegungen als Beispiel für das Synchronturnen

Rollen vorwärts hintereinander

Rollen vorwärts gegeneinander

Rollen vorwärts nebeneinander bzw. gegeneinander

Rollen seitwärts gehockt hintereinander

Rollen seitwärts gehockt nebeneinander

Rollen seitwärts gehockt mit Handfassung

Rollen seitwärts gestreckt mit Handfassung

Rollen seitwärts gestreckt mit Fußkontakt

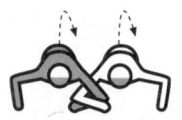

Rollen vorwärts mit einhaken der Arme

Rolle vorwärts zu zweit

Rolle vorwärts zu dritt

Bodenturnen

Übungsverbindungen für das Synchronturnen

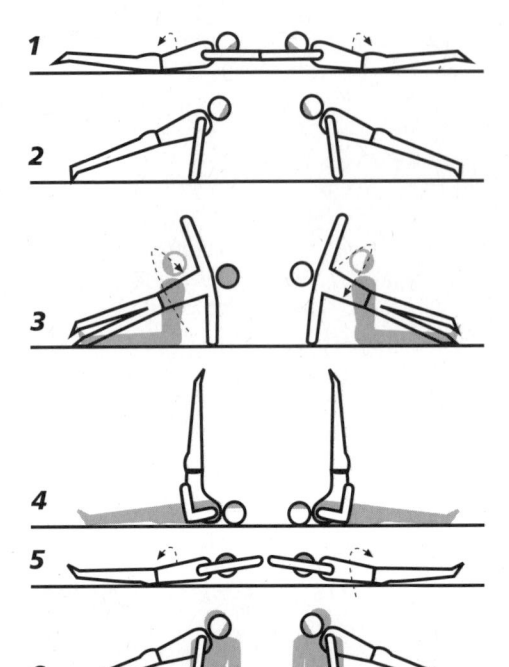

Übungsverbindung zu zweit gegenüber:
1. Rolle seitwärts mit Handfassung aus der Bauchlage in die Bauchlage;
2. Aufrichten zum Liegestütz;
3. 1/2 Drehung über die linke Hand in den Strecksitz;
4. Zurückrollen in die Kerze und Abrollen in die Rückenlage;
5. Rolle seitwärts zum Partner in die Bauchlage;
6. Aufrichten in den Liegestütz und 1/4 Kreiswandern mit den Füßen zum Partner (nebeneinander);
7. Rolle vorwärts aus dem Liegestütz (oder aus dem Hockstütz) in den Hockstand;
8. Aufrichten zum Stand mit Handfassung

Übungsverbindung für zwei Schüler nebeneinander (Darstellung nur eines Schülers)

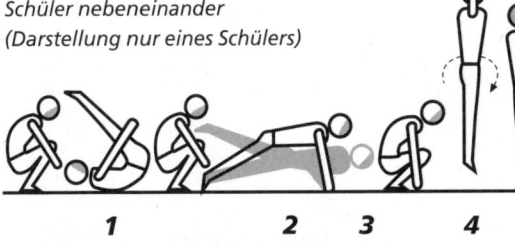

1. Rolle vorwärts in den Hockstand;
2. Stützeln oder Vorhechten in den Liegestütz und Liegestützbeugen mit Rückspreizen eines Beines;
3. Zurück in den Liegestütz, Anhocken zum Hockstütz;
4. Strecksprung mit 1/2 Drehung;
5. Kopfstand aus dem Hockstand mit Abrollen in den Grätschsitz;
6. Vorbeugen zur »Briefmarke« (Position kurz halten);
7. Rolle Rückwärts in den Knie- oder Hockstand;
8. Strecksprung mit 1/4 Drehung zueinander

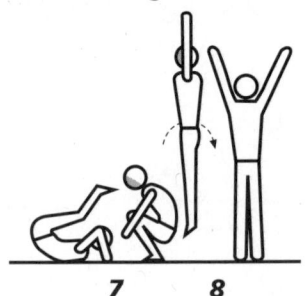

Bodenturnen

Bodenturnen

Körpererfahrungen / Gegensatzerfahrungen

Wechsel von Körperspannung, der Bewegungsdynamik und der Bewegungsweite bei gekonnten Elementen, wie Rollen, Liegestützformen, gymnastische Verbindungen. Wechsel der Positionen bei der Partnerakrobatik und beim Pyramidenbau, unter Beachtung individueller Möglichkeiten und Grenzen.

Wahlmöglichkeiten / Probleme lösen

Welche und wie viele Rollen und Liegestützformen sind für die Übungsverbindungen zu üben? Mit welchen gymnastischen Verbindungen und Richtungsänderungen lassen sich diese interessant verknüpfen? Welche Formen der angebotenen Partnerakrobatik und des Pyramidenbaues sollten mit welchen Mitschülern erlernt werden? Welche Inhalte und welche Mitschüler bieten sich für ein Synchronturnen an?

Projekte

Eine Folge der Partnerakrobatik und des Pyramidenbaues auswählen, üben, fotografieren und damit Wandzeitungen gestalten bzw. ein »Programm« für Auftritte bei Schulveranstaltungen und Elternabende einstudieren (Videos aufzeichnen).

Ästhetische Akzente

Bemühen um flüssige Bewegungsausführung, z. B. von mehreren Rollen hintereinander, von Rollen und Richtungsänderungen, von Ständen und gymnastischen Verbindungen, von verschiedenen Liegestützvarianten. »Austurnen« von Elementen durch erkennbare Körperspannung und Haltung bzw. eines hohen Gleichmaßes der Bewegung beim Synchronturnen.

Kooperation / Kommunikation

Gegenseitiges Helfen und Sichern beim Üben von Kopfstand und Handstand mit Abrollen, in der Partnerakrobatik und im Pyramidenbau. Welche Elemente und Partner eignen sich besonders für das Synchronturnen bzw. welche Positionen sind für den einzelnen Schüler beim Pyramidenbau günstig?

Mit der Leistung angemessen umgehen, differenzieren

Welche Ausführungen sind bei den verschiedenen turnerischen Elementen individuell angemessen (schwierig, aber machbar)? Wo lohnt sich ein Üben bzw. macht es keinen Sinn (fehlende Voraussetzungen z. B. zum Handstand oder Rad)? Welche »schwierigen« Formen sind bei der Partnerakrobatik und beim Pyramidenbau anzustreben und wie kann sich der einzelne Schüler sinnvoll einbringen?

10. Stützsprünge / Minitramp

Reiz des Springens

»Sprung« ist die Bezeichnung für das in der Regel beidbeinige Abspringen aus dem Anlauf auf oder über ein Sprunggerät (Bock, Kasten oder Pferd). Im Geräteturnen werden an diesen Sprunggeräten Stützsprünge geübt, dabei wird das Gerät durch ein Stützen auf dem Gerät überwunden.

Der Reiz des Springens auf und über Geräte – sich vom Boden lösen, ein »kleines Fliegen« – fordert die Schüler in besonderer Weise heraus. Deshalb erfreuen sich Gerätesprünge nach wie vor großer Beliebtheit. Hierfür begünstigend ist auch die unkomplizierte Organisation des Übens und die damit verbundene Möglichkeit, ohne größere Wartezeiten zu springen – wenn das Problem »Helfen und Sichern durch geeignete Schüler« geklärt ist. Und ein Üben an z. B. drei bis vier Sprungstationen schafft differenzierte Angebote, bietet den Schülern Wahlmöglichkeiten und im günstigen Falle Erfolgserlebnisse.

Voraussetzungen wiederholt absichern

Wir gehen davon aus, dass bis zur Klasse 4 der beidbeinige Absprung, der Stütz beim Aufhocken und die Landung von einer Erhöhung Bestandteile des Turnens waren. Dennoch empfiehlt es sich, diese wesentlichen Voraussetzungen der Stützsprünge in Klasse 5 wiederholend abzusichern, denn gerade im Sprung sind negative Anfangserlebnisse durch fehlende Voraussetzungen und damit verbunden Ängste vor dem Anstoßen an das Gerät bzw. vor einem Sturz durch angemessenes methodisches Vorgehen zu vermeiden. Dies ist nicht nur bedeutsam für ein erlebnisreiches Springen und für die Verlängerung der ersten Flugphase, sondern auch für Stufenspezifika. Denn Gruppen- und Synchronspringen sowie ein Springen am Minitramp ab Klasse 8 verlangen ein grundlegendes Springenkönnen. Anders als bei den anderen Geräten, wo durch Abwahl von Elementen individuell angemessene Übungsmöglichkeiten in Aussicht sind, gelten die o.g. grundlegenden Anforderungen. Ohne deren Beherrschung bleiben Sprungerlebnisse nicht nur in den Klassen 5–7, sondern auch darüber hinaus verstellt.

Gerätfolge Bock – Doppelbock – Kasten/Pferd

Die Gerätfolge Bock – Doppelbock – Kasten/Pferd hat sich bewährt. Ziel ist die kontinuierliche Verlängerung der ersten Flugphase. Am Bock ist für viele Schüler die Grätsche leichter zu erlernen als die Hocke. Die Beine können seitlich neben dem Bock nach vorn geführt werden, ohne dass das Gesäß stark angehoben werden muss. Für sprungfreudige und sprunggewandte Schüler kann relativ schnell zur Sprunghocke übergegangen werden, wodurch das Anheben des Gesäßes als wesentlicher Bewegungsschwerpunkt der Stützsprünge mehr Aufmerksamkeit erfährt.

Stützsprünge / Minitramp

Zielstellungen
– Erlernen und sicheres Beherrschen der Sprunggrätsche und Sprunghocke am Bock (nach Wahl auch am Doppelbock). – Helfen und Sichern erlernen. – Könnenserlebnisse durch individuell angemessene Gerätehöhen, Brettabstände erfahren.	– Kennenlernen des Gruppen- und Synchronspringens und des Springens mit dem Minitramp. – Erlernen der Sprunggrätsche oder Sprunghocke am Pferd/Kasten seit (Mädchen) und längs (Jungen).

Beidbeiniges Abspringen

Für ein Erfühlen des beidbeinigen Absprungs bieten sich vor allem ein (federndes) Springen auf dem Sprungbrett mit Stütz an Geräten (Sprossenwand, Kasten, Reckstange, Barrenholm, Balken) oder Sprünge mit Handreichung durch Partner sowie freie Sprünge vom Brett an. Auf den Einsatz des Fußballens ist zu achten.

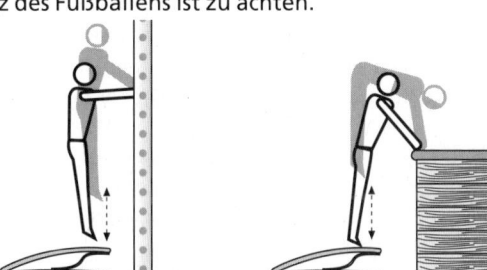

Federndes Springen auf dem Sprungbrett mit Stütz an der Sprossenwand oder auf dem Kasten

Federndes Springen mit Handreichung durch die Helfer

Landung

Die Landung ist meist weniger im Blickpunkt, weil mit dem Überwinden des Gerätes die eigentliche Aufgabe gelöst erscheint. Erst später, wenn mit der Vergrößerung der ersten Flugphase die Landung schwieriger wird, tritt sie stärker ins Bewusstsein. Der Hinweis auf eine elastische Landung ermöglicht eine ganzheitliche Orientierung und kann durch die Schüler gegenseitig beobachtet und eingeschätzt werden. Außerdem bietet das Zum-Stand-Kommen eine zusätzliche Herausforderung. Ein bewusstes Landeverhalten sollte von Anfang an konsequent gefordert werden.

Beidbeinige Landung von einer Erhöhung

Aufsprung auf das Sprungbrett von einer und auf eine Erhöhung (auch mit Helfer)

Stützsprünge/Minitramp

Aufsprünge aus einem (kurzen) Anlauf

Aus einer mittleren Geschwindigkeit erfolgt ein flacher, weiter Aufsprung auf das Sprungbrett, wobei die vorgespannten Beine mit den Fußballen zuerst aufsetzen und die Arme beim Strecksprung in schräge Vorhochhalte ziehen.

Aufsprung auf das Sprungbrett aus einem (kurzen) Anlauf zum Strecksprung

Aufhocken am hüfthohen Gerät

Eine wichtige Übung ist das Aufhocken auf ein etwa hüfthohes Gerät. Mit dosierten Sprüngen soll sich ein Gefühl der Sicherheit entwickeln. Im weiteren Verlauf des Übens soll das Gesäß immer höher geführt werden (u.a. durch Hockwenden und das Aufhocken an der Kastentreppe). Das Aufknien sollte vermieden werden, weil das Heben des Gesäßes weniger erfahren und geübt wird.

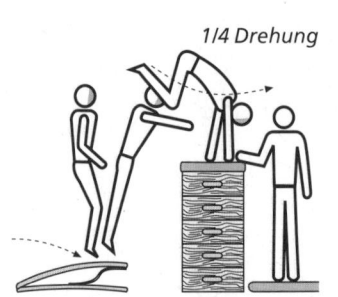

1/4 Drehung   zweite 1/4 Drehung

Hockwende (auch mit einer zweiten Viertel-Drehung zur Landung im Seitverhalten)

Aufhocken an der Kastentreppe

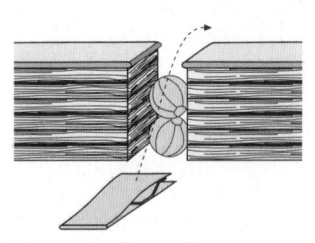

Sprunghocke an der Kastengasse

Wenn Angst im Lernprozess reduziert ist, können Bewegungen besser erlernt werden. Deshalb ist für einige Schüler die »Sprunghocke« an der Kastengasse ein günstiger methodischer Schritt. Die etwa hüfthohen Kästen werden mit einer etwas weiter als schulterbreiten Gasse aufgestellt, durch bzw. über die der Übende seinen Sprung ausführt (u.a. mit Höhenmarkierungen wie Medizinbälle, aufgelegte Sprungseile oder Schaumstoffteile). An dieser Station kann u.a. das gegenseitige Helfen gut erlernt werden, indem mit Stützaufnahme der Oberarm mit Klammergriff erfasst wird.

Stützsprünge/Minitramp

Ohne die Befähigung geeigneter Schüler zum Helfen und Sichern besteht die Gefahr des »Einzelbetriebes« (ein Schüler springt und alle anderen müssen warten). So sollten wir das Turnen in der Schule nicht vermitteln und auch nicht mit der Unterrichtszeit als Übungszeit umgehen. Hat der Lehrer noch kein Vertrauen zum Helfen seiner Schüler, so bietet der Riegenwechselbetrieb eine Lösungsmöglichkeit, wobei der Lehrer an der Sprungstation bleibt. Ansonsten sind Leistungsriegen bzw. Sprungstationen mit unterschiedlicher Schwierigkeit und ein Springen im Strom angebracht.

»Bockspringen« als Grätsche über Partner ist im freien Bewegungsleben unserer Kinder durchaus zu beobachten und sollte auch im Schulturnen aufgegriffen werden. Entsprechend dem Könnensstand wird die Höhe des Bockes gebildet (z.B. Partner wechseln sich ab, Bockspringen im Strom für die ganze Klasse).

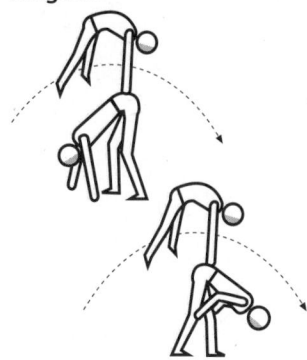

Viele Sprünge sind durch gegenseitiges Helfen möglich

»Bockspringen« als Grätsche über Partner

Beide Stützsprünge stimmen in den wesentlichsten Bewegungsmerkmalen überein, nur in der Beintätigkeit gibt es Unterschiede.

Zwei Helfer (Schüler) stehen hinter dem Gerät in Schrittstellung, erfassen den jeweiligen Oberarm des Übenden mit Klammergriff (verhindern eines Über- oder Zurückfallen), müssen dann aber zügig ein bis zwei Schritte zurückgehen (Landung sichern). Damit können auch Schüler sich wirkungsvoll gegenseitig helfen, indem sie das Gewicht des Übenden »im Griff« haben. Wird der Übungsablauf zunehmend beherrscht bzw. hält der Lehrer, kann bei der Grätsche mit einem halben Klammergriff an den Oberarmen und bei der Hocke, seitlich zum Gerät stehend, mit Klammergriff an einem Oberarm gesichert werden.

10.1
Klasse 5-7
Sprunggrätsche und Sprunghocke

Sprunggrätsche

Sprunghocke

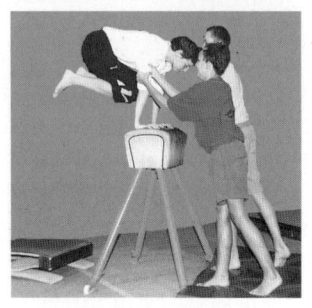

Helfen und Sichern bei der Sprunggrätsche und -hocke

Schüler beobachten und helfen sich gegenseitig

> Erfolgt der Absprung beidbeinig und kann dabei der Anlauf fließend in den Absprung überführt werden? Ist die Beinspannung erkennbar? Gelingt eine sichtbare Flugphase? Wird das Gesäß ausreichend angehoben? Erfolgt ein aktiver Stütz (Gegendruck), sogar ein sichtbarer Abdruck vom Gerät? Welche Sprungstation sollte gewählt werden, welche Ziele sind anzustreben? Wie wird das Helfen und Sichern umgesetzt?

Gegensatzerfahrungen initiieren

Gegensatzerfahrungen und damit verbundene Körpererfahrungen sind für den motorischen Lernprozess hilfreich:
- Absprung von unterschiedlichen Brettzonen;
- kurzer/langer bzw. langsamer/schneller Anlauf;
- Brettabstand zum Sprunggerät verändern;
- Aufsprung auf das Brett gespannt/locker bzw. flach-weit/relativ hoch-kurz;
- Gesäß extrem hoch/gering anheben;
- vom Gerät kräftig/kaum abdrücken;
- Oberkörper zur Landung aufrichten/hängen lassen.

Doppelbock

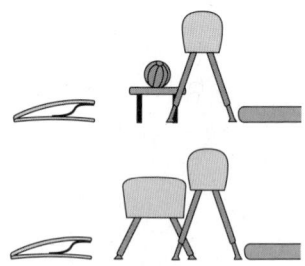

Aufbaumöglichkeiten für einen Doppelbock

Gegenüber dem Springen am Bock besteht die Steigerung vor allem in der Verlängerung der ersten Flugphase, verbunden mit zunehmend größeren Brettabständen. Turnhocker oder Schaumstoffwürfel können zu Übungsbeginn bzw. an einer Sprungstation den zweiten Bock ersetzen (die größere Lücke zwischen Brett und Bock ausfüllen). Ein doppelt gelegtes Sprungbrett kann zusätzliche Absprunghilfe bieten. Ist ein ausreichender Brettabstand vorhanden und die Sprünge gelingen sicher, kann der Übergang zum Kasten/Pferd erfolgen. Als Vorübung bietet sich auch hier das Aufhocken nach einem weiten Vorschwingen der Hände zum Stütz an.

10.2 Klasse 8–10 Gruppen- und Synchronspringen

Formen des Gruppen- und Synchronspringens können im Schulturnen höherer Klassen neue Reize setzen. Die anspruchsvollen Anforderungen eines mit Partnern abzustimmenden Springens auf den Sprungbrettern bzw. auf und über Geräte setzt aber voraus, dass die Schüler sich als »sprungkompetent« wahrnehmen, d.h. aus den Klassenstufen 5–7 ausreichende Sprungerfahrungen mitbringen. Da alle ab Seite 55 ausgewiesenen Sprünge auch im Gruppen- und Synchronturnen einbezogen werden können, ist diese Voraussetzung auf individuell differenziertem Niveau gegeben. Die Schüler besitzen somit Vorerfahrungen und können entsprechend ihren Möglichkeiten ein gemeinsames Springen mit Partnern prüfen und probieren.

Stützsprünge/Minitramp

Im Folgenden werden Möglichkeiten für das Springen auf Sprungbretter bzw. auf und über Geräte vorgeschlagen.

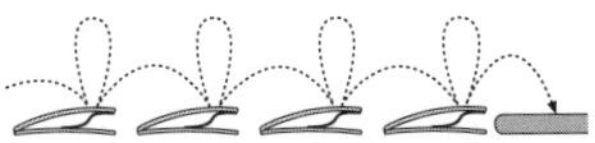

Springen auf Sprungbretter und über Geräte

Rhythmische Reihe vorwärts von Brett zu Brett mit und ohne Zwischensprung (u.a. als Dreiergruppe mit Handfassung zum Ausbalancieren)

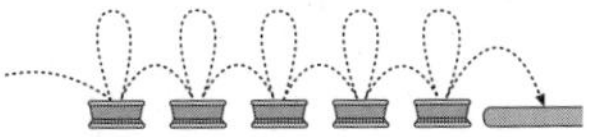

Rhythmische Reihe seitwärts von Brett zu Brett mit und ohne Zwischensprung (auch als Gruppe mit Hand- oder Schulterfassung)

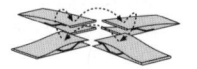

Wanderspringen im Kreis auf den sternförmig angeordneten Brettern (Handfassung, Wechsel im Uhrzeigersinn; z.B. mit dem dritten Sprung)

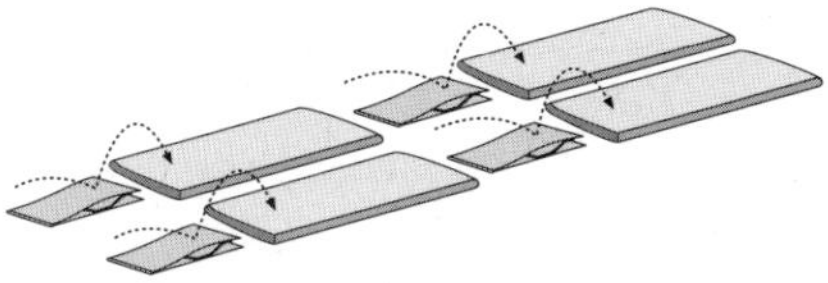

Im Strom nebeneinander

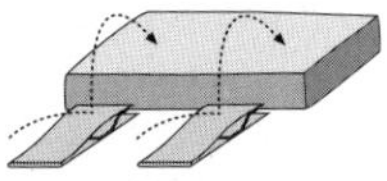

Im Strom auf eine Erhöhung (Weichbodenmatte)

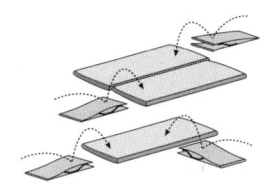

Im Strom aus wechselnden Richtungen

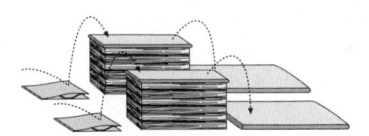

Aufhocken, Abgang Strecksprung oder Abgrätschen (auch entgegengesetzt)

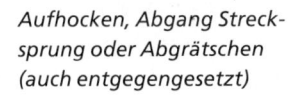

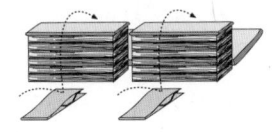

Hockwenden (auch entgegengesetzt)

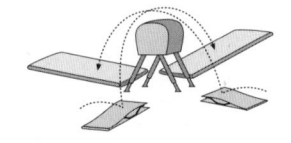

Grätsche über den Bock (im Strom oder aus zwei Richtungen im Wechsel)

Fortlaufende Sprünge auf und über mehrere Sprunggeräte im Strom auf einer oder auf zwei Bahnen nebeneinander.

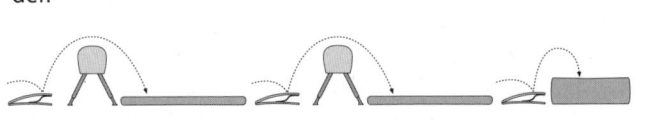

Fortlaufende Sprünge über Geräte

Grätsche über 1. und 2. Bock, Strecksprung auf eine Erhöhung

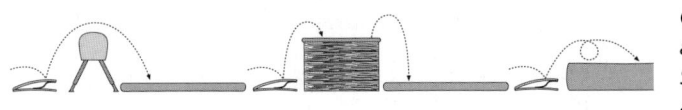

Grätsche am Bock, Aufhocken am Kasten, Niedersprung als Strecksprung, Rolle vorwärts auf die Weichbodenmatte

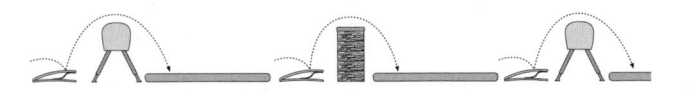

Grätsche am Bock, Hocke am Kasten, Hockwende am Pferd seit.

10.3
Klasse 8–10
Springen mit dem Minitramp

Sprünge mit dem Minitramp erfreuen sich großer Beliebtheit. Das Gefühl, durch dieses Gerät Sprunghöhen zu erreichen, die sonst nicht möglich sind, bestimmt wesentlich seine Attraktivität. Diese Motivation wird durch die vermeintliche Sicherheit durch die ausgelegten Matten verstärkt. Der hohe Aufforderungscharakter stimuliert viele Schüler, sich spontan auf das Springen einzulassen. Da aber erhöhte Anforderungen an das Gleichgewicht, die Körperspannung, die Raumorientierung und an die Landung gestellt werden, sich dadurch im ungünstigen Falle Gefahrenmomente ergeben und darüber hinaus missglückte Sprünge die weitere Teilnahme problematisieren können, ist eine konsequente Führung durch den Lehrer notwendig.

Helfen und Sichern

Die Katapultwirkung des Minitramps zwingt zu verstärkten Sicherheitsmaßnahmen. Besonders zu Beginn sollten die Sprünge mit »Begleitung« erfolgen, indem zwei Helfer jeweils eine Hand des Übenden erfassen (nach dem Absprung bzw. zur Landung kann mit der anderen Hand am Oberarm des Übenden zusätzlich unterstützt werden). Grundsätzlich ist für eine ausreichende Mattenauslage zu sorgen, vor allem ist die Aufsprungstelle breitflächig zu sichern (u. a., um einen zu starken Vortrieb bei der Landung mit einer Rolle vorwärts abfangen zu können).

Springen im Riegenwechselbetrieb

Ein Springen in kleinen Gruppen (Leistungsriegen), ein differenziertes Üben an unterschiedlichen Sprungstationen ist anzustreben. In vielen Schulen werden nur ein bzw. zwei Minitramps zur Verfügung stehen, schon deshalb bietet sich ein Springen im Riegenwechselbetrieb an.

Wann beginnen

Schüler der Klassen 5–7 drängen zum Erproben und sind auch in der Lage, das Minitramp zu beherrschen. Unumstritten ist das Bewegungserleben zu diesem Zeitpunkt förderlich für ein Springen in höheren Klassen. Trotzdem empfehlen wir den Einsatz des Minitramps vorrangig ab Klasse 8. Man kann im besten motorischem Lernalter der Klassen 5, 6 nicht alle neuen und interessanten Bewegungsaufgaben einführen (schon aus zeitlichen Gründen nicht). Es muss auch in höheren Klassen etwas Neues, Reizvolles angeboten werden und dafür scheint u. a. das Springen mit dem Minitramp besonders geeignet zu sein.

Wie beginnen

Die methodische Vorgehensweise soll auch dazu führen, dass genügend Sprungerfahrungen unter gut abgesicherten Bedingungen erworben werden und somit die Unfallgefahr minimiert ist.

Stützsprünge/Minitramp

- Springen (Federn) im Minitramp mit Abstützen auf einem Gerät bzw. mit Partnerhilfe
- Mehrmalige Strecksprünge (Federn) im Minitramp mit Aussprung auf eine Matte (mit Partnerhilfe)
- Strecksprung aus dem Minitramp (Einsprung von einer Erhöhung, dann aus dem Angehen und danach aus dem Anlauf), zuerst ohne und dann mit Beintätigkeit

Entwicklung der Sprünge am Minitramp

Die Beine sollten gleichzeitig, gespannt und nicht ganz schulterbreit aufsetzen. Jedes Abweichen von der Mitte des Federtuches muss der Übende ausgleichen.

Wird das Federn im Minitramp beherrscht, können Beintätigkeiten einbezogen werden (Anhocken und Strecken, Grätschen und Schließen, auch Aufhocken auf den Kasten bzw. Hockwende nach mehrmaligem Federn)

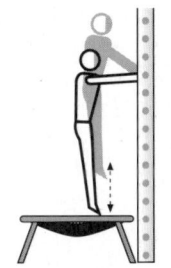

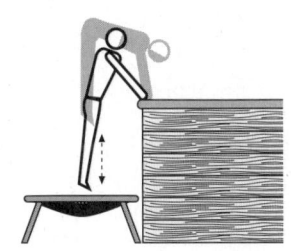

Federn (Springen) im Minitramp

Federndes Springen im Minitramp mit Stütz an der Sprossenwand oder auf dem Kasten

Federn im Minitramp mit Handreichung eines Partners

Der Strecksprung stellt die Grundlage beim Minitrampspringen dar, wobei auf hohe und nicht auf weite Sprünge orientiert wird. Zur Erleichterung des Einsprunges sollten die ersten Sprünge aus dem Stand von einer Erhöhung erfolgen, danach aus dem Angehen und leichtem Anlauf über Turnbänke, Kastendeckel oder vom Sprungbrett, bevor aus dem Anlauf vom Boden in das Minitramp eingesprungen wird. Beim Springen aus dem Anlauf ist eine Neigung des Minitramps gegen die Laufrichtung günstig.

Strecksprünge

Einsprung von einem Kasten

Einsprünge nach dem Angehen bzw. Anlaufen

Stützsprünge / Minitramp

Einsprung und Absprung

Beim Minitramp wird bewusst vom Einspringen gesprochen, denn die sprungunterstützende Wirkung des Gerätes kommt am Besten zur Geltung, wenn möglichst von oben in die Mitte des Federtuches gesprungen wird. Auch beim Minitramp ist ein aktives Abspringen notwendig, mit einem Armeinsatz nach schräg-oben. Der richtige Ein- und Absprung ist eine Voraussetzung für einen guten »Flug«, wobei die Kopfhaltung und die Armführung ihren Einfluss haben. Eine elastische Landung ist bereits bei den Stützsprüngen als ein zu schulender Schwerpunkt hervorgehoben worden. Weil beim Springen mit dem Minitramp größere Höhen erreicht werden, ist die Landung hier von besonderer Bedeutung.

Schüler beobachten und helfen sich gegenseitig

Ist eine Körperspannung beim Einspringen in das Minitramp gegeben? Werden die Füße gleichzeitig, parallel und etwa schulterbreit aufgesetzt? Erfolgt der Abdruck mit den Ballen der Füße? Ist der Körper im »Sprung« gespannt (leichter Hüftwinkel, kein Hohlkreuz)?

Körpererfahrungen durch Kontraste anregen

Ein optimales Sprungverhalten kann über Gegensatzerfahrungen besonders gut geschult werden, zum Beispiel:
– Mit angespannter und entspannter Muskulatur springen, um zu erfahren, wie sich dies auf das Sprungverhalten bzw. die Sprunghöhe auswirkt.
– Aufsetzen mit den Fußspitzen, den ganzen Sohlen oder Fersen, um die günstigste Gleichgewichtslage zu erfühlen (günstig: ganze Sohle).
– Springen mit enger, schulterbreiter bzw. einer noch breiteren Fußstellung, um eine gute Sprunghöhe und stabile Gleichgewichtslage zu erreichen (günstig: eine etwa schulterbreite Stellung).
– Unterschiedliche Armführung beim Springen, um die günstigste zu ermitteln (günstig: nach vorn-oben, in Augenhöhe abstoppen, seitlich zurückführen).

Wird der Strecksprung ausreichend beherrscht (Körperspannung gehalten) und ist eine sichere Landung auch auf Erhöhungen (Weichbodenmatte) und in »Landezonen« (z. B. farbige Fliesen, Kreise) gewährleistet, kann der Strecksprung mit Beintätigkeit (Hocksprung, Grätschsprung) oder mit einer halben bzw. ganzen Drehung probiert werden. Strecksprünge mit Drehungen sind besonders kompliziert, weil neben der Körperspannung erhöhte Anforderungen an das Gleichgewicht und die Bewegungssteuerung gestellt werden.

Strecksprünge auf Erhöhungen

Stützsprünge/Minitramp

Strecksprünge mit Beintätigkeit  *Strecksprünge mit Drehung*

Für sprungsichere Schüler kann auch das Fangen bzw. zielsichere Werfen eines Balles im Sprung, die Landung in einen knie- oder hüfthoch gehaltenen Reifen, ein Springen aus dem Minitramp mit Seil- oder Reifendurchschlag bereichernd sein. Die häufig von den Schülern geforderten Salti und Überschläge empfehlen wir nicht, weil hinsichtlich des Helfens und Sicherns auch Lehrer oft überfordert sind. Ebenso erscheinen uns Stützsprünge mit Hilfe des Minitramps für das Schulturnen unter der Sicht eines Übungsgutes für viele (alle) nicht geeignet.

Strecksprünge mit zusätzlichen Aufgabenstellungen

Ein Springen an zwei direkt hintereinander gestellten Minitramps (Doppel-Minitramp) kann sehr reizvoll sein. Vorausgesetzt wird, dass die Schüler bereits im Springen am einfachen Minitramp ein angemessenes Maß an Bewegungskönnen und an Sprungsicherheit erworben haben. Es werden bekannte Übungsformen unter den Bedingungen des Doppel-Minitramps erprobt und gestaltet. Günstig ist der »sichere« Einsprung von einer Erhöhung in das erste Minitramp, »hoher« Strecksprung in das zweite Gerät mit nachfolgendem Strecksprung auf eine Matte. Helfen und Sichern kann durch »Begleitung« neben den Minitramps erfolgen (u. a. auf Kastendeckeln oder Bänken). Im besonderen Maße wird dabei die Bewegungskoordination geschult.

Strecksprünge an zwei Minitramps für sprungsichere Schüler

Strecksprünge an zwei Minitramps

Stützsprünge / Minitramp

Gruppen- und Synchronspringen an einem Minitramp

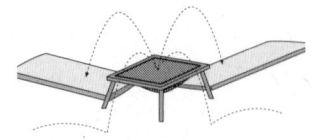

Gruppensprünge an einem Minitramp

Bei vielen turnspezifischen Bewegungen konzentriert sich der »Turner« auf seinen eigenen Bewegungsablauf. Durch die relativ zügige Bewegungsfolge beim Gruppen- und Synchronspringen am Minitramp muss der Springer ein »Gefühl« für sein Bewegungsverhalten in Bezug zu einem »direkten« Partner und zur Gruppe entwickeln.

Steht nur ein Minitramp zur Verfügung, kann durch ein Springen im Strom der Gruppen- und Synchroncharakter erzielt werden. Ein Springen aus zwei Richtungen (Anlaufrichtung 90° versetzt) bietet zusätzliche Reize. Strecksprünge mit kontrastreichem Wechsel von hohen und weiten (flachen) Sprüngen, Wechsel zwischen Strecksprung und Grätschsprung bzw. wiederholende Folgen von Streck-, Hock- und Grätschsprung erweitern die Bewegungspalette beim Gruppen- und Synchronspringen. Zusätzliche Impulse werden gesetzt, wenn in Übereinstimmung mit einer rhythmischen Musik das Springen erfolgt. Beim schnellen Gruppenspringen bietet sich besonders der Strecksprung an, wobei aufeinanderfolgend anlaufende Schüler immer etwas nach rechts bzw. links versetzt springen.

Springen mit zwei Minitramps

Stehen zwei Minitramps zur Verfügung, ergeben sich weitere attraktive Formen durch unterschiedliche Anordnung der beiden Minitramps und des Springens aus unterschiedlicher Richtung. Gerade bei Kindern führen »interessante« Gerätekonstellationen häufig zu einer hohen Bewegungsbereitschaft und vertiefter Wahrnehmung.

Schüler beobachten und helfen sich gegenseitig

Wann muss der Anlauf begonnen werden? Gelingt eine synchrone Abstimmung mit den Partnern? Wie übereinstimmend werden Flug und Landung gestaltet? Wird die Musik als unterstützend erlebt?

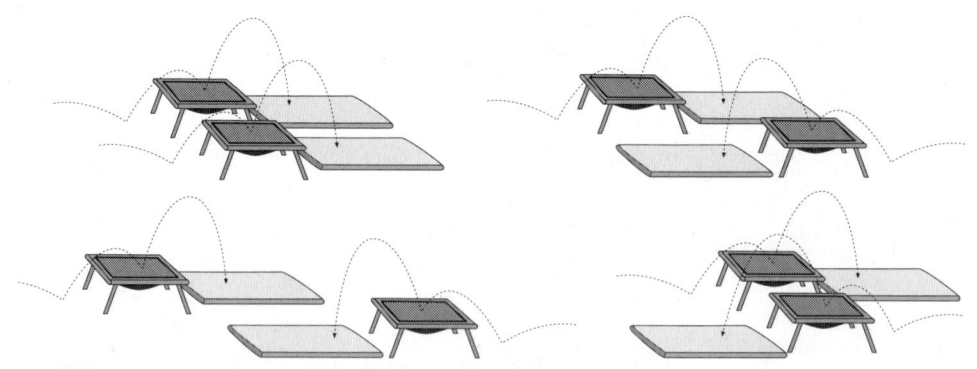

Mögliche Geräteanordnungen für Gruppensprünge an zwei Minitramps

Stützsprünge / Minitramp

Wagnis / Risiko

Wie kann die Sprungschwierigkeit angemessen gesteigert werden (Sprunghöhe, Haltung)? Mit zunehmender Sicherheit beim Synchron- und Schnellspringen den Takt verkürzen. Gelingen fortlaufende Sprünge über mehrere Geräte? Welche Beintätigkeiten sind beim Strecksprung aus dem Minitramp zumutbar?

Kooperation / Kommunikation

Gegenseitiges Einschätzen qualitativer Aspekte als Hilfe zum Erkennen von Stärken und Schwächen und zur Betonung von Übungsschwerpunkten. Helfen und Sichern durch befähigte Schüler, die sich selbstständig abwechseln und weitere Schüler anleiten. Organisieren für Übungsmöglichkeiten für das Gruppen- und Synchronturnen. Wie kann ein synchrones Sprungverhalten erreicht werden?

Ästhetische Akzente

Möglichst flüssige Gesamtbewegung mit betonter erster Flugphase und Körperspannung. Sichere und elastische Landung. Guter »Rhythmus/Takt« beim Gruppenspringen.

Körpererfahrungen / Gegensatzerfahrungen

Sprünge mit unterschiedlichen Akzenten (Absprung von unterschiedlichen Brettzonen, Sprung mit kurzem/langem bzw. langsamen/schnellem Anlauf, Aufsprung auf das Brett gespannt/locker bzw. flach/hoch). Im Minitramp aufeinanderfolgende Sprünge u. a. mit unterschiedlicher Armführung sowie mit und ohne Körperspannung.

Wahlmöglichkeiten / Probleme lösen

Welche Sprungstation sollte gewählt werden, welche Ziele sind anzustreben? Welche Anlauflänge, Gerätehöhe und welcher Brettabstand und individuell angemessen? Welches Gerät, welche Sprungvariante (Grätsche, Hocke, Hockwende) bieten sich an? Welche Strecksprungvariante ist beim Minitramp vorteilhaft?

Mit der Leistung angemessen umgehen, differenzieren

Mit dem Geräteaufbau genügend Übungsmöglichkeiten für alle Schüler sichern. Welche Sprungvarianten werden beherrscht? Welche Möglichkeiten der Leistungssteigerung bei gekonnten Sprüngen bestehen (Haltung, 1. Flugphase, Standsicherheit)? Berücksichtigung des individuellen Könnens beim Helfen und Sichern. Sehr gute Einzelleistungen sinnvoll in das Gruppen- und Synchronturnen integrieren.

11. Barrenturnen Parrallelbarren

Der Parallelbarren gilt neben dem Reck als »schwieriges« Gerät. Diese Einschätzung ergibt sich vor allem aufgrund der bevorzugten turntypischen Elemente Schwingen, Wende, Rolle, Oberarmstand, wobei Arm- und Rumpfkraft und damit verbunden das Kraft-Last-Verhältnis eine besondere Wertigkeit erhalten. Wir schätzen die damit verbundenen Erfahrungen keineswegs gering, wollen aber Einseitigkeit und Misserfolgserlebnisse nicht zulassen und rücken deshalb Übungsmöglichkeiten in den Vordergrund, die Schülern mit unterschiedlicher Leistungsfähigkeit vielfältiges Barrenturnen bieten.

Stufenspezifik

Anknüpfend an das Hindernisturnen in der Grundschule erhalten in den Klassen 5–7 das Erkunden und Üben vieler Elemente und daraus resultierender Übungsverbindungen eine besondere Bedeutung. Auch für Mädchen ergeben sich sinnvolle Möglichkeiten, u. a. auch in Vorbereitung auf ein späteres Turnen am Stufenbarren. Für die Klassen 8–10 empfehlen wir das Synchronturnen, wodurch sich andere, neue, mehr kooperative, kommunikative Ansätze ergeben (Barren als eine Wahlmöglichkeit neben den anderen Geräten).

Ein beidseitiges Üben verstärkt die Bewegungserfahrung

Am Barren ergeben sich vielfältige Möglichkeiten des beidseitigen bzw. gegengleichen Übens. Besonders bei relativ einfachen Elementen ist dieser Ansatz zu nutzen, um Bewegungserfahrungen zu fördern. Bei technisch anspruchsvolleren Elementen sollte der Schüler erproben und selbst entscheiden, ob er eine Seite bevorzugt.

Eine »straffe« Haltung erleichtert die Bewegung

Die »straffe« Haltung dient in erster Linie der Übungserleichterung bzw. dem Gelingen der Bewegung, aber auch der Schönheit der Bewegung und dem Vermeiden des Anstoßens an den Holmen.

Der Barren als Schulturngerät

Im Schulturnen wird in der Regel am stütz- oder brusthohen Barren mit schulterbreiter Holmengasse geturnt. Lernerleichterungen sind Absprunghilfen vor oder im Barren, schräg gestellte Holme, auf die Holme gelegte Matten, Holmverlängerung durch Gummi- oder Sprungseile (um ohne Hemmungen über die »Holme« zu turnen), Gummiseile zwischen den Holmen zur Stimulierung hoher Schwungamplituden. Beim Helfen und Sichern sind zuerst leistungsstärkere Schüler einzubeziehen, letztendlich sollten möglichst alle Schüler sich gegenseitig helfen und sichern können. Werden zwei Barren nebeneinander gestellt, ergibt sich eine dritte Holmengasse (Dreifachbarren), wodurch Synchronturnen mit drei bis sechs Schülern erfolgen kann.

Barrenturnen

Der Einsatz des Hochbarrens wird von uns nicht favorisiert. Bei entsprechenden Voraussetzungen der Schüler bzw. Gruppen von Schülern kann für diese der Hochbarren ab Klasse 9/10 mit in den Turnunterricht eingebunden werden. Nur für wenige leistungsstarke Schüler ergeben sich am Hochbarren Bewegungen, die am stütz- oder brusthohen Barren nicht möglich sind (z.B. Schwingen im Oberarmstütz).

Zum Hochbarren

Um ein intensives Üben im Riegenwechselbetrieb zu ermöglichen, sollten zwei Barren mit unterschiedlich breiten Holmengassen (u.U. auch Holmenhöhen) zur Verfügung stehen. Ein gleichzeitiges Üben von zwei Schülern ist anzustreben.

Intensives Barrenturnen

Die Stellung des Übenden zum Barren wird nach drei Bezeichnungen festgelegt.

Grundbegriffe

– »Außen« oder »innen« bedeuten, dass sich der Übende außerhalb oder in der Holmengasse befindet.
– »Seit«, »quer« oder »schräg« kennzeichnet die Position der Schulterachse zu den Holmen.
– »Vorlings«, »rücklings« oder »seitlings« sagen aus, ob der Turner den Barren vor, hinter oder neben sich hat.

| Außen-querstand vorlings | Innen-querstand | Innen-seitstand | Außen-querstand rücklings |

| Außen-querstand | Außen-seitstand rücklings | Außen-seitstand vorlings |

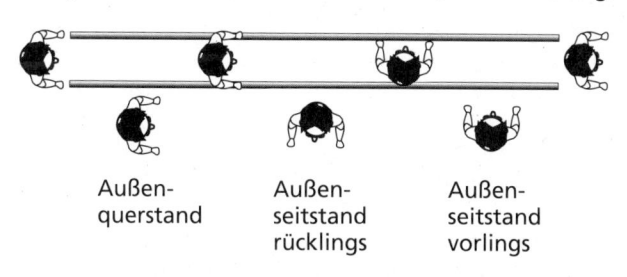

Als Griffarten finden vorrangig der Speich- oder Ristgriff Anwendung. Helfer unterstützen mit Klammergriff (beide Hände am Oberarm in Schulternähe) oder mit halbem Klammergriff (eine Hand am Oberarm).

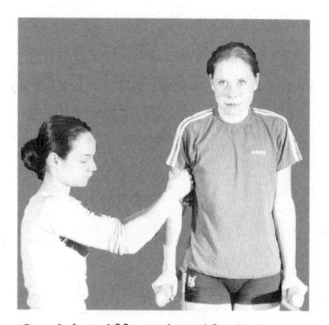

Speichgriff und Helferin mit Klammergriff

Zielstellungen

Vorbereitung einer Übungsverbindung durch Kennenlernen, Üben und Variieren von Elementen des formgebundenen und freien Turnens. Individuelle Umsetzung einer Übungsverbindung aus sechs bis acht Elementen.

Geeignete Elemente und Übungsverbindungen synchron mit einem bzw. mehreren Partnern turnen.
Erweiterung des Übungsrepertoires durch weitere Elemente (Wahlmöglichkeit).

Barrenturnen

11.1
Klasse 5–7
Vorbereitung einer Übungsverbindung

Turnen im Hang

Das prägende Ziel des Barrenturnens in den Klassen 5–7 besteht in der Gestaltung von Übungsverbindungen, wobei auf schwierige turntypische Elemente verzichtet werden kann. Durch die Orientierung auf einfache Elemente sowie mehrere Auf- und Abgänge eröffnen sich viele Wahl- und individuelle Gestaltungsmöglichkeiten. Einfache Folgen von 2–3 Elementen sind frühzeitig möglich. Bei häufigem Üben werden Arm- und Rumpfkraft geschult.

Das Turnen unterhalb der Holme im Hang erweitert die Bewegungsvielfalt am Barren und bietet besonders auch stützschwächeren Schülern Gestaltungsmöglichkeiten.

Übungen aus dem Hangstand im Seitverhalten mit Rist- oder Kammgriff an einem Holm:

Vor- (Durch)hocken zum Hocksturzhang bzw. Kipphang (mit Rückbewegung)

Sind die Arme gestreckt, sind Serien möglich?

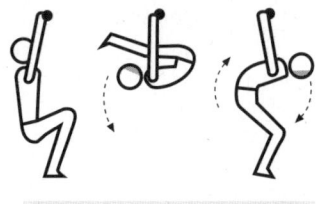

Vorhocken und Senken der Füße zum Boden (Überdrehen vor- und rückwärts)

Setzen die Füße langsam auf? Ist die Bewegung beherrscht?

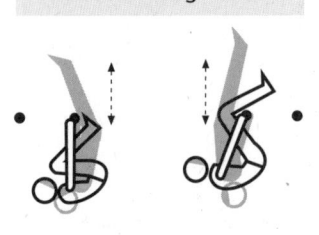

Sturzhang über den Hocksturzhang oder den Knieliegehang mit Hilfe

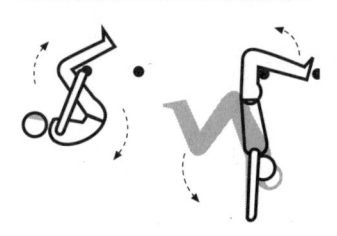

Vorhocken zum Knieliegehang und wieder zurück oder über den Handstütz abschwingen

Kann der Sturzhang kurz fixiert werden?

Wie rund ist die Bewegung?

Übungen aus dem Hangstand in der Holmengasse:

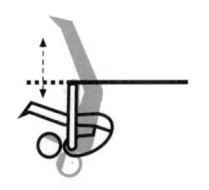

Kipphang und Sturzhang als Folge

Überdrehen vor- und rückwärts

Gelingen mit kurzer Halte mehrere Wechsel?

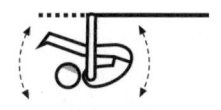

Ist ein Rhythmus erkennbar?

Barrenturnen

Aufgänge

Die im Hindernisturnen gesammelten Bewegungserfahrungen und die altersgemäße Sprung- und Stützkraft müssten ausreichen, um aus dem Stand über den flüchtigen Stütz in einen Sitz zu gelangen. Unterstützung erfolgt mit Klammergriff, mit einem Niedersprung gelangt man wieder in den Stand.

Der Sprung in den flüchtigen Stütz erfolgt mit Speichgriff. Durch einem Vorschwung können dann verschiedene Sitzformen eingenommen werden. Das Aufsitzen ist nach einem Angehen mit beidbeinigem Absprung leichter.

Der Aufgang wird aus dem Außenquerstand vorlings oder Innenquerstand mit Speichgriff ausgeführt.

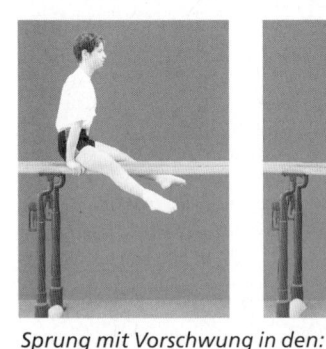

Sprung mit Vorschwung in den:
Grätschsitz   *Außenquersitz (rechts und links)*   *Reitsitz*

> Gelingen Serien mit fließendem Übergang zwischen Landung und Absprung? Wird der Sitz harmonisch aus dem Vorschwung eingenommen? Wie wirkt sich eine straffe Körperhaltung aus? Welcher Sitz gelingt besser? Sind Unterschiede zwischen links und rechts erkennbar?

Aufgang aus dem Außenseitstand mit Ristgriff am näheren Holm oder aus dem Innenseitstand:

Sprung in den Stütz mit Übergreifen der Hände auf den entfernteren Holm in den Seitliegestütz

> Sind die Arme gestreckt und die Schultern aktiv nach unten gedrückt (»Groß machen!«)? Erfolgt das Übergreifen zum anderen Holm mit straffer Körperhaltung?

Abgänge

Um aus dem Stütz oder Sitz den Barren möglichst mit Abdruck der Hände von den Holmen und mit Körperspannung zu verlassen, ist der Niedersprung die einfachste Form. Aus dem Seitverhalten bietet sich der Hüft-Abzug an. Die Kehre ist der gebräuchlichste Abgang, setzt aber einen sicheren Vorschwung über Holmhöhe voraus. Die Wende ist ein anspruchsvoller Abgang aus dem Rückschwung und kommt für leistungsstärkere Schüler in Frage.

Niedersprung aus dem Außenseitstütz mit hohem Abschwung, mit weitem Abschwung, mit Grätschen und Schließen der Beine

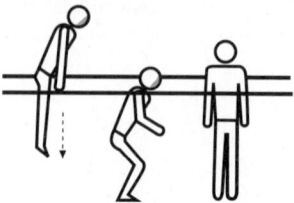

Bleiben die Arme gestreckt? Drücken die Hände aktiv ab? Ist der Stand sicher?

Niedersprung aus dem Innenquerstütz in den Stand, in den Seitstand (mit 1/4 Drehung)

Erfolgt die Landung weich? Wie wirken die Drehrichtungen?

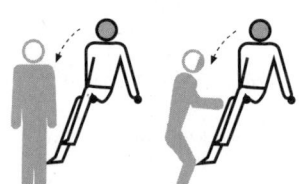

Niedersprung aus dem Außenquersitz in den Querstand, in den Seitstand (mit 1/4 Drehung), über den Seitsitz in den Seitstand rücklings

Wird der Holm aktiv verlassen, kann der Seitsitz kurz fixiert werden?

Niedersprung aus dem Grätschsitz nach Überspreizen eines Beines in den Außenquerstand, über den Seitsitz, nach Einspreizen beider Beine

Ist der Abgang schwungvoll, bleiben die Beine gestreckt? Wie ist die Spannung?

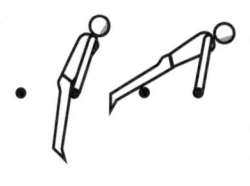

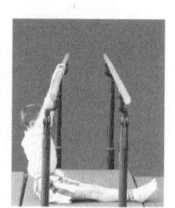

Hüft-Abzug aus unterschiedlichem Stütz in den Hangstand oder Strecksitz

Setzen die Füße langsam und leise auf? Ist die Bewegung fließend und rund? Können die Beine gestreckt zum Sitz abgelegt werden?

Barrenturnen

Auf eine erkennbare Hüftstreckung am Ende des Vorschwungs und eine sichere Landung ist zu achten. Die Kehre ist möglichst aus dem ersten Schwung heraus zu turnen (Kraft sparend). Die barrennahe Hand greift bei der Landung an den Holm. Nach beidseitigem Üben ist die mögliche Dominanz einer »besseren« Seite zu akzeptieren. Die Laufkehre mit Einsatz des Schwung- und Abdruckbeines dient als freudvolle, intensive Vorübung (Üben im Strom). Für etwa gleich starke Schüler ist die Kehrhasche ein guter Wettbewerb.

Kehre in den Außenquerstand

Lauf- oder Spreizkehre

Kehre aus dem Absprung/Anlauf oder aus dem Schwung oder aus dem Außenquersitz über beide Holme

Bleiben die Beine gestreckt und geschlossen? Ist eine Hüftstreckung beim Vorschwung erkennbar? Wie sicher ist der Stand und greift die barrennahe Hand zu? Nach welcher Seite gelingt die Kehre besser?

Gelingt die Kehre aus dem Schwung sicher, so ist die Kehre mit 1/4 Drehung zum Gerät möglich.

Die Wende kommt nur für Schüler in Frage, die beim Rückschwung mit fast gestreckten Beinen die Holmhöhe erreichen. Nach einem Vorschwung ist mit dem Rückschwung aus dem Barren herauszuschwingen. Die erste freie Hand greift zum sicheren Niedersprung an den Holm (bewusstes Übergreifen). Hilfe durch einen halben Klammergriff am Oberarm der Stützseite und durch Schubhilfe am Oberschenkel ist zumindest für die ersten Versuche ratsam. Die Hockwende ist nicht als Vorübung gedacht, sondern für Schüler, die beim Rückschwung Probleme haben und nur durch diese Erleichterung den Holm überqueren können. Ansonsten sollte auf eine Streckung des Körpers geachtet werden. Ängste können abgebaut und Bewegungssicherheit geschaffen werden, wenn die Holme durch Gummi- oder Sprungseile verlängert werden.

Wende in den Außenquerstand

Hilfe durch halben Klammergriff und Schub am Oberschenkel (Hüfte)

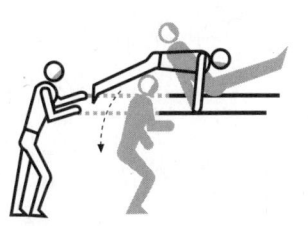

Wende am Barrenende über die verlängerten Holme bzw. Wende über den Holm

Gelingt die Wende sicher, so ist die Wende mit 1/4 Drehung zum Gerät möglich.

Welchen Abgang ermöglicht die Höhe des Rückschwungs? Wie sicher ist der Stand und greift die barrennahe Hand zum Holm?

Die Hockwende als einfacher Abgang

Barrenturnen

Turnen im Stütz

Ein Turnen im Stütz ist durch das oft wenig stimmige Kraft-Last-Verhältnis sehr individuell. Als einführende Übungen bieten sich das Stützschwingen, das Stützpendeln und der einmalige Vor- und Rückschwung von einer Erhöhung an. Diese Übungen dienen auch zur Kontrolle der Voraussetzungen für ein Schwingen im Stütz. Helfer stehen neben den Übenden. Die vordere Hand des Helfers fasst gegen die Schulter und die hintere Hand mit einem halben Klammergriff an der Rückseite des Oberarmes.

Stützschwingen

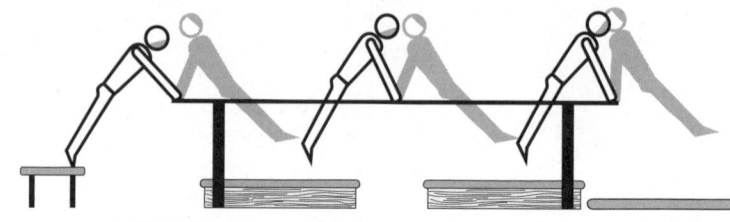

Gelingt ein weites Abschwingen und eine raumgreifende Landung? Erfolgt eine aktive Armstreckung in der Stützphase?

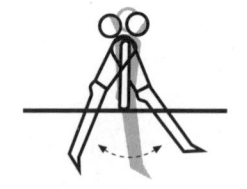

Stützpendeln mit gestrecktem Körper

Stützpendeln mit Aufsetzen der Füße (nur vorn bzw. nur hinten bzw. vorn und hinten)

Bleiben Arme und Körper gestreckt? Wird ein Rhythmus erreicht? Ist ein Pendeln mit einem Partner möglich?

Was ist anders beim Vor- und Rückschwung, beim Aufsetzen beider Füße auf einem Holm (leichter)?

Vor- und Rückschwung von und auf eine Erhöhung

Querliegestütz mit Stütz auf einem Holm (mit Wechsel der Stützseite)

Setzen die Füße beim Rückschwung weich auf? Sind Folgen möglich? Ist eine Unterstützung erforderlich?

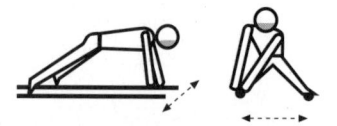

Wie muss das Gewicht verlagert, die Spannung gehalten werden? Beeinflusst die Gesäßhöhe die Übung?

Barrenturnen

Aus anatomischen Gründen und durch den Sichtkontakt ist der Vor- leichter als der Rückschwung. Deshalb sollte zu Beginn der Akzent auf den Vorschwung gelegt werden. Während des Schwingens sind die Arme gestreckt. Beim Vorschwung ist die Hüfte »mitzunehmen« und beim Rückschwung das Gesäß leicht anzuheben. Zu Beginn des Übens sollte ein Helfer das Gleichgewicht des Übenden unterstützen und einem Vor- oder Rückfallen entgegenwirken. Das gleichzeitige Schwingen von zwei Schülern an den Barrenenden bietet sich an.

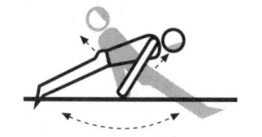

Schwingen im Stütz mit individuell hoher Amplitude und Körperspannung

Wiederholter Vor- und Rückschwung

Unterstützung durch einen Helfer

Sind die Schwünge rhythmisch, harmonisch? Ist eine Körperspannung (Beinspannung) erkennbar? Gelingen drei bis fünf Schwünge in vergleichbarer Qualität?

Markierungen im Grenzbereich der jeweils individuellen Schwungamplitude (Gummi-, Sprungseile), die mit den Füßen zu erreichen sind, können stimulierend wirken. Schaumstoffteile oder Sandsäckchen zwischen den Füßen oder Knien fördern die Beinspannkraft und lockern das Üben auf. Mit dem dritten Vorschwung könnte beispielsweise dieses Teil zu einem Partner oder über ein Hindernis geschwungen werden

Markierungen sind hilfreich und stimulierend

Sind die Beine beim Vorschwung ohne größeren Hüftknick in oder über Holmhöhe, auch gestreckt und geschlossen?

Ist das der Fall, dann kann über »verlängerte« Holme ein Grätschen und Schließen der Beine erfolgen bzw. ein kurzes Aufgrätschen am Ende des Vorschwunges auf die Holme. Eine »hohe« Kehre als Abgang ist möglich.

Schwingen mit betontem Vorschwung

Geht das Gesäß der Bewegung voraus (leicht angehoben, kein Hohlkreuz)? Kommen die gestreckten Beine beim Rückschwung in oder über Holmhöhe?

Ist das der Fall, kann auch über »verlängerte« Holme ein Grätschen und Schließen der Beine erfolgen. Die Voraussetzungen für die Wende als Abgang sind gegeben.

Schwingen mit betontem Rückschwung

Grätschen und Schließen der Beine über verlängerte Holme beim Vor- bzw. Rückschwung

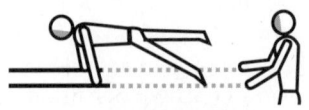

Kastenbarren als Hilfe besonders beim betontem Rückschwung

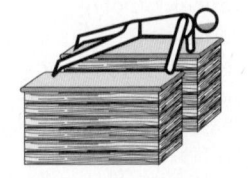

Schwingen mit betontem Vor- und Rückschwung

Das Schwingen über Holmhöhe gelingt nur wenigen Schülern. Wer das kann, kann beim Vor- und Rückschwung über Holmhöhe die Beine Grätschen und Schließen.

Sitzformen und Spreizübungen

Sitzformen und Spreizübungen erweitern die Vielfalt des Turnens am Barren und bereichern vor allem die Übungsverbindungen und das Synchronturnen. Sie tragen zur Entwicklung der Stützkraft und der Körperspannung bei und eröffnen durch gegengleiche Ausführungen vielfältige Bewegungserfahrungen. Sitzformen und Spreizübungen bieten wegen ihrer relativen Unkompliziertheit besonders leistungsschwächeren Schülern Möglichkeiten der Übungsgestaltung. Allerdings verlangt ein sicheres Anwenden gezieltes Üben, um einen flüssigen Bewegungsablauf mit sichtbarer Amplitude und entsprechender Bein- und Körperspannung zu erreichen. Ansonsten wird nicht nur die Bewegungsausführung erschwert, sondern auch in auffallender Weise die Schönheit der Bewegung beeinflusst.

Außenquersitz rechts oder links

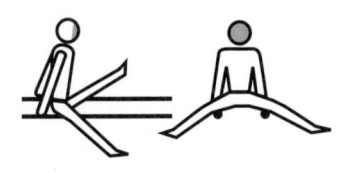

Grätschsitz

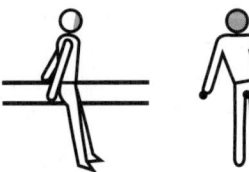

Reitsitz rechts oder links

Sitzwechsel in freien Formen

Mit einem Zwischenschwung können die Sitzformen gewechselt werden, z. B. aus dem:
- Grätschsitz wieder in den Grätschsitz;
- Grätschsitz in den Außenquersitz;
- Außenquersitz rechts in den Außenquersitz links;
- Außenquersitz in den Grätschsitz;
- Reitsitz rechts in den Reitsitz links.

Barrenturnen

Durch die Selbst- und Fremdbeobachtung soll vor allem der Haltungsaspekt zur Geltung kommen. Die gegenseitige Hilfe besteht auch im wechselseitigen Vor- und Nachmachen und in der Haltungskorrektur am Übenden.

Schüler beobachten und helfen sich gegenseitig

> Erfolgt die Einnahme des Sitzes fließend bzw. ein Wechsel zwischen verschiedenen Sitzen harmonisch? Wie straff (exakt) ist die Körperhaltung bei der Übung? Wie viele unterschiedliche Sitze gelingen in einem Versuch?

Spreizübungen sind bereits kleine Verbindungen mit gestalterischen Möglichkeiten. Die typische gegengleiche Ausführung trägt zur Bewegungsvielfalt bei und vertieft die Körpererfahrung. Obwohl relativ einfach und variabel zu gestalten, sind Spreizübungen bei den Schülern nicht sehr beliebt, weil ihre Ausführung u. U. mit »Schmerzen« verbunden ist. Deshalb ist stets auf eine Körperspannung, besonders auf eine straffe Beinhaltung, zu achten.

Spreizübungen

> Ist bei den Spreizübungen ein Bewegungsfluss zu erkennen bzw. wann und warum treten Unterbrechungen auf? Was passiert, wenn zeitweise die Spannung aufgegeben wird (als Kontrasterfahrung)? Sind Wiederholungen in Serien möglich? Welche Erfahrungen ergeben gegengleiche Ausführungen?

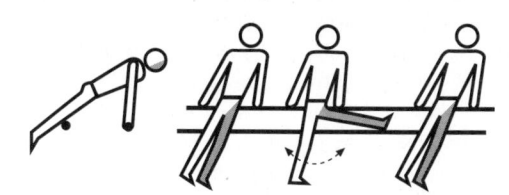

Vor- und Rückspreizen im Liegestütz (zuerst rechts, dann links)

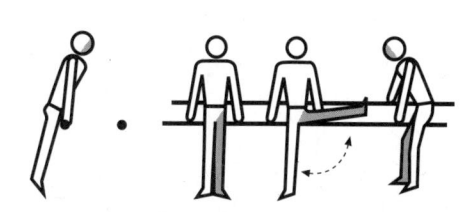

Dreh-Spreizen mit 1/4 Drehung in den Reitsitz und wieder zurück (rechts und links)

Beim Rückschwung rechts Überspreizen und mit dem linken Bein nachspreizen in den Außenquersitz (gegengleich)

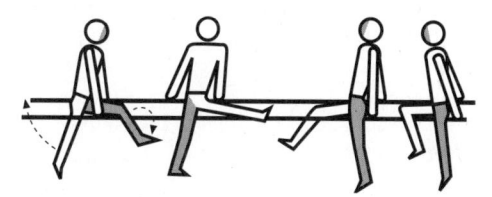

Aus dem Stütz links Aufspreizen vor der rechten Hand; rechtes Bein nach hinten über den Holm spreizen; Dreh-Spreizen mit 1/2 Drehung in den Außenquersitz

Dreh-Spreizen aus dem Liegestütz mit einer 1/4 Drehung in den Grätsch- oder Außenquersitz

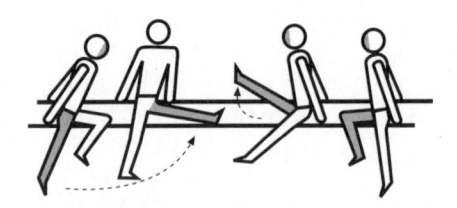

Dreh-Spreizen aus dem Außenquersitz mit einer 1/2 Drehung in den Grätsch- oder Außenquersitz

Dreh-Spreizen aus dem Grätschsitz mit einer 1/4 Drehung in den Liegestütz oder einer 1/2 Drehung in den Außenquersitz

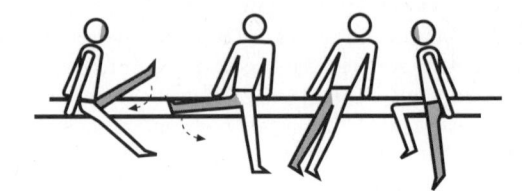

11.2 Klasse 5–7 Übungsverbindungen

Übungsverbindungen am Barren mit sechs bis acht Elementen sind langfristige Zielstellung in den Klassen 5–7. Die bereits ausgewiesenen Elemente und Übungsfolgen stellen eine wesentliche Basis dar. Dabei geht es um individuell verfügbare Übungsverbindungen aus dem freien und formgebundenen Turnen. Auch wenn eine weitgehend selbstständige Übungszusammenstellung durch den Schüler angestrebt wird, scheint es hilfreich zu sein, wenn Vorschläge im Sinne des austauschbaren und variablen Baukastenprinzips erfolgen. Sie sollen helfen, subjektiv günstige Bewegungslösungen zu finden (z. B. mit Elementen im Hang, mit Ab- und Aufgang auch im Mittelteil einer Übung). Die Beispiele können als Arbeitsblatt genutzt werden.

Schüler beobachten und helfen sich gegenseitig

Es ist sicherlich sinnvoll, wenn sich Partner bzw. Gruppen von Schülern gegenseitig beraten und helfen, um ihre Übungsverbindungen zu variieren und zu verbessern.

> Wie sollte die Übung begonnen werden? Sind Elemente im Hang einzubinden? Welche Spreiz- und Sitzmöglichkeiten passen in die Übung? Welches »schwierige« Element kann einbezogen werden? Welche Abgänge bieten sich an? Wie sind die Elemente zu verbinden, damit ein möglichst fließender, harmonischer Übungsablauf gewährleistet ist? An welcher Stelle der Übung ist unter Umständen Hilfe erwünscht?

Barrenturnen 77

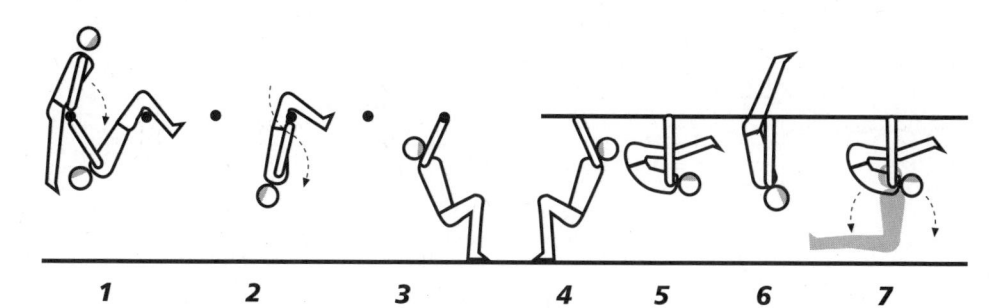

1 Außenseitstand, Sprung in den Stütz;
2 Hüft-Abzug über den Knieliegehang;
3 Hangstand;
4 Drehung in der Holmengasse;
5 Hangstand zum Kipphang;
6 Sturzhang;
7 über Kipphang Absenken zum Hangstand oder Strecksitz

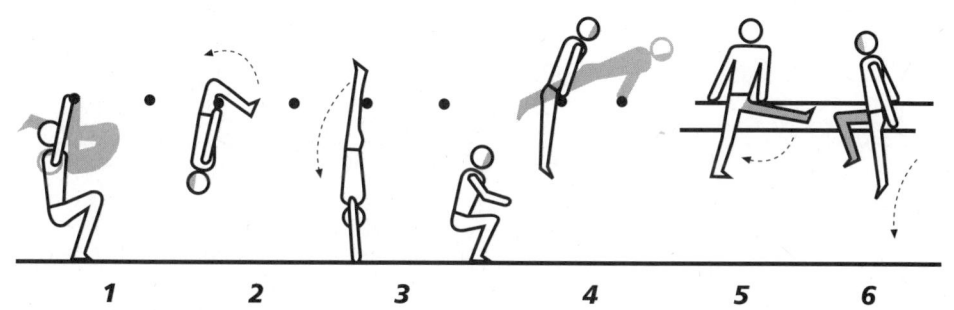

1 Hangstand im Außenseitstand;
2 Durchhocken zum Knieliegehang;
3 Abschwingen über den Handstütz zum Hockstand;
4 Sprung in den Stütz; Überfassen zum Liegestütz;
5 Dreh-Spreizen in den Außenquersitz;
6 Niedersprung

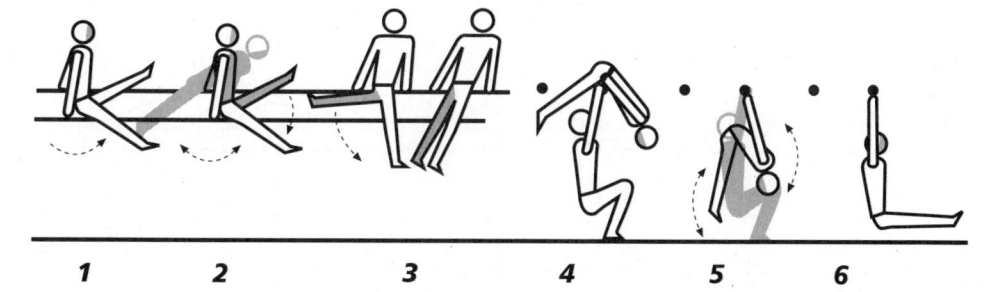

1 Vorschwung in den Grätschsitz;
2 Einschwingen und aus dem Vorschwung wieder in den Grätschsitz;
3 Dreh-Spreizen in den Liegestütz;
4 Hüft-Abzug in den Hangstand;
5 Aus dem Hangstand Durchhocken und Senken der Füße zum Boden;
6 Rückbewegung in den Strecksitz

Barrenturnen

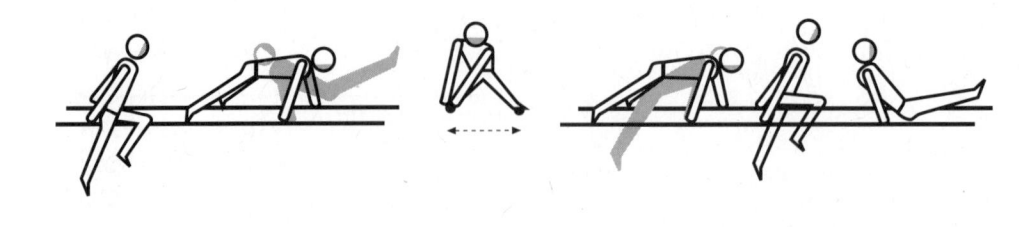

1 **2** **3** **4** **5** **6** **7**

1 Vorschwung in den Außenquersitz (rechts);
2 Einschwingen mit Aufsetzen der Füße auf den Holmen beim Rückschwung;
3 Stütz der Hände auf einem Holm;
4 Holmwechsel;
5 Querliegestütz;
6 Einschwingen zum Außenquersitz (links);
7 Einschwingen mit Kehre oder Wende

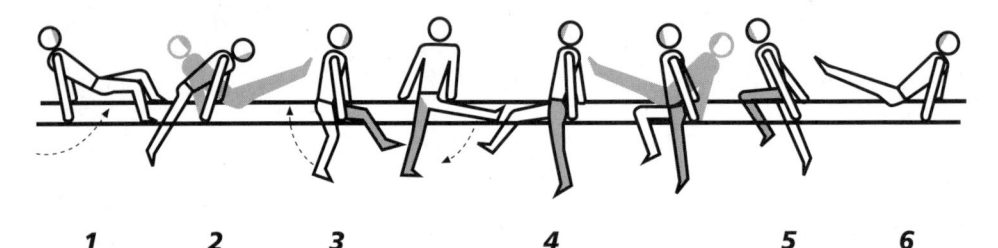

1 **2** **3** **4** **5** **6**

1 Vorschwung mit Aufsetzen der Füße;
2 Einschwingen und Rückschwung;
3 Vorschwung mit Aufspreizen des linken Beines vor die rechte Hand;
4 Dreh-Spreizen mit einer 1/2 Drehung in den Außenquersitz;
5 Außenquersitz zur anderen Seite;
6 Einschwingen mit Kehre oder Wende

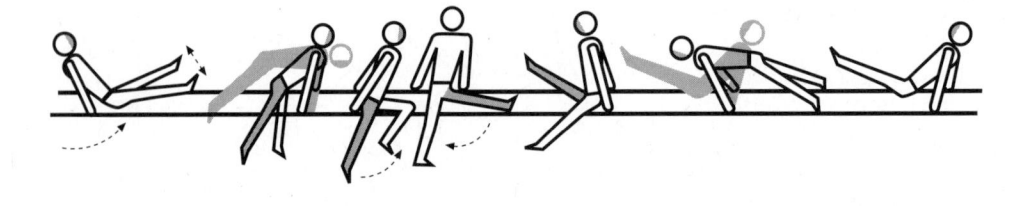

1 **2** **3** **4** **5** **6**

1 Vorschwung mit Grätschen und Schließen der Beine;
2 Rückschwung mit Überspreizen eines Beines;
3 Nachspreizen in den Außenquersitz;
4 Dreh-Spreizen in den Grätschsitz;
5 Einschwingen und Aufsetzen der Füße beim Rückschwung;
6 Einschwingen mit Wende oder Kehre

Barrenturnen

Das Gestalten von Partner- und Gruppenturnen – mit dem Schwerpunkt als Synchronturnen – ist in den höheren Klassen anzustreben, um Neues und Machbares für »alle« anzubieten und um Interesse sowie Freude am Turnen möglichst zu erhalten oder auch neu zu gewinnen. Neben dem Boden bietet der Barren für diese Art des Turnens vielfältige Möglichkeiten. Dabei kann und soll das Individuelle nicht verdrängt oder gar ersetzt, sondern ganz bewusst eingebracht werden. Die Handlungsfähigkeit für das Miteinanderturnen setzt ja gerade auf Vorerfahrungen. Die andersartige Bewegungsaufgabe soll die Schüler reizen, sich auf diese (Turn)-Tätigkeit einzulassen und Bewegungslösungen anzustreben.

11.3
Klasse 8–10
Partnerturnen
Gruppenturnen
Synchronturnen

Als Partnerturnen bietet sich auch ein Turnen nach dem Prinzip »Vor- und Nachmachen« an, indem durch den Partner die vorgegebenen Elemente bzw. Übungsfolge nachzuvollziehen sind. Die Partner können sich auch im Vor- und Nachmachen abwechseln bzw. ohne feste Absprache situationsgebunden reagieren.

Turnen nach dem Prinzip »Vor- und Nachmachen«

Synchronturnen ist eine spezielle Form des Partner- und Gruppenturnens, um gemeinsam eine Bewegungsaufgabe zu lösen. Es zeigt sich in der Gleichzeitigkeit und im Gleichmaß des Bewegens zweier oder mehrerer Partner. Hilfe von außen kann dabei unterstützend wirken. Weil Synchronturnen besondere Anforderung an die Wahrnehmungsfähigkeit (Bewegungsbeobachtung), Kooperationsbereitschaft und motorische Anpassungsfähigkeit stellt, sind erlernte Elemente vorrangig zu nutzen.

Synchronturnen

Ohne ein gegenseitiges Beobachten und Anpassen ist ein Synchronturnen nicht möglich. Folgende Anregungen können hilfreich sein:

Schüler beobachten und helfen sich gegenseitig

> Welche Elemente, Übungsteile und Übungsverbindungen sind für ein Partner- bzw. Synchronturnen geeignet? Wann beginnt (beendet) der Partner die Bewegung? Wann und wie müssen Anpassungen erfolgen (Tempo, Bewegungsweite, Rhythmus)? Wo liegen Unterschiede in der Bewegung selbst (Qualität der Ausführung, Haltung, Spannung)? Erfolgt die Anpassung mehr gegenseitig oder einseitig? Welche Eck-/Ruhepunkte sind in der Bewegung für eine Anpassung sinnvoll? Wie synchron wird die Übung angeboten, wie fließend sind dabei Übergänge zwischen den Elementen? Welche Elemente, Übungsteile gelingen leichter?

Barrenturnen

Synchrones Paarturnen an einem Barren

Beim synchronen Paarturnen beginnen in der Regel beide Partner an den Holmenenden. Die Übungsfolge sollte so aufgebaut sein, dass Blickkontakte gegeben sind.

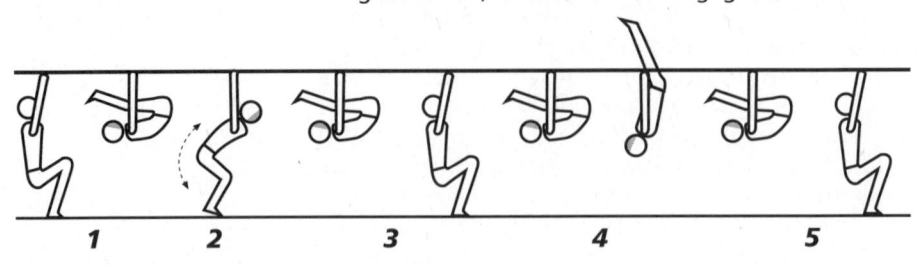

1 Hangstand und Kipphang;
2 Füße zum Boden senken;
3 Rückbewegung zum Kipphang und Hangstand;
4 Kipphang und Sturzhang;
5 Kipphang und Hangstand

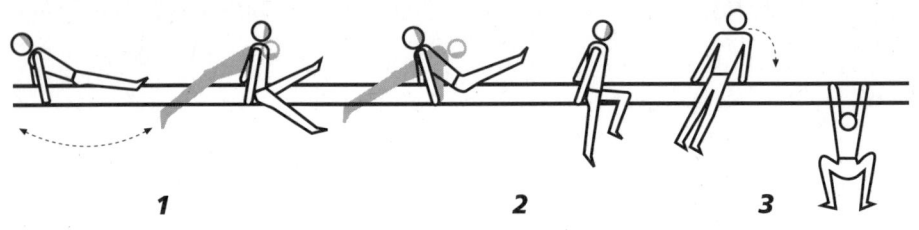

1 Sprung in den Stütz mit dem 2. Vorschwung in den Grätschsitz;
2 Einschwingen in den Außenquersitz;
3 1/4 Drehung in den Liegestütz und Hüft-Abzug

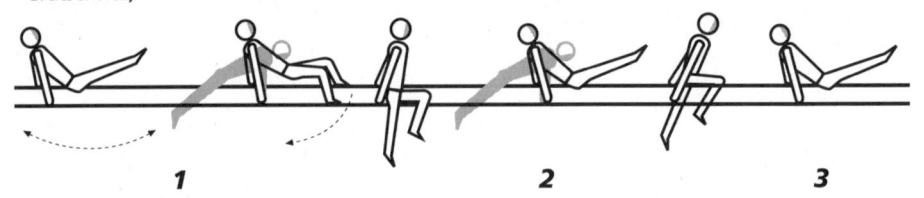

1 Sprung in den Stütz mit dem 2. Vorschwung Aufsetzen beider Füße;
2 Einschwingen in den Außenquersitz und Seitenwechsel;
3 Einschwingen mit Kehre oder Wende

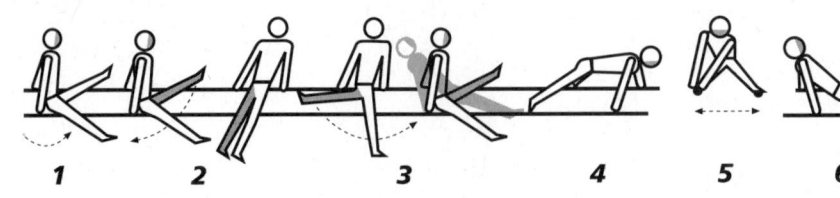

1 Vorschwung in den Grätschsitz;
2 Dreh-Spreizen in den Seitliegestütz;
3 Dreh-Spreizen wieder in den Grätschsitz zurück;
4 Aufsetzen der Füße beim Rückschwung;
5 Querliegestütz auf einem Holm mit Holmwechsel;
6 Einschwingen mit Hockwende oder Wende

Barrenturnen

Der Reiz des Synchronturnens am Dreifachbarren (zwei Barren) besteht im gleichzeitigen und aufeinander abgestimmten Handeln von drei bis sechs Schülern.

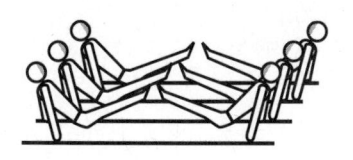

Synchronturnen am Dreifachbarren

Synchronschwingen

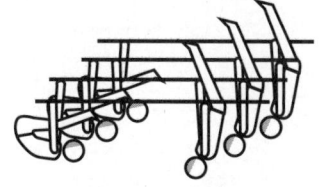

Kipphang und Sturzhang in Folge

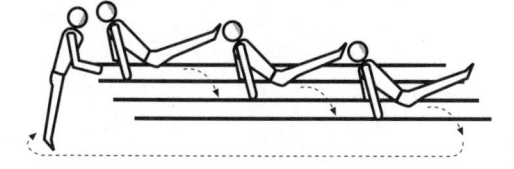

Kehre über alle Holme im Strom

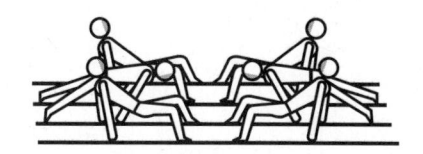

Aufsetzen der Füße beim Vor- und Rückschwung (am Mittelbarren versetzt)

Die folgenden Übungen können als Synchronturnen mit 4 Schülern jeweils an den Außenbarren organisiert werden.

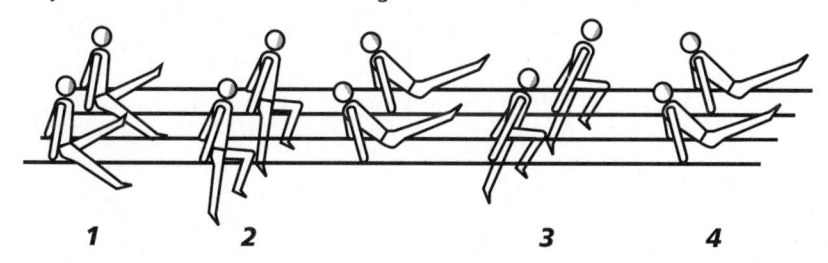

1   2   3   4

1 Sprung in den Grätschsitz;
2 Einschwingen in den Außenquersitz rechts;
3 Einschwingen in den Außenquersitz links;
4 Einschwingen in den Stand

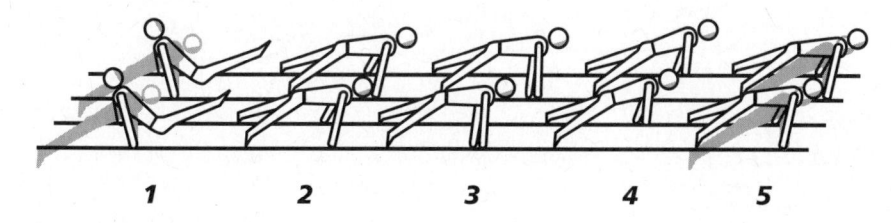

1   2   3   4   5

1 Sprung in den Stütz mit Vorschwung;
2 Rückschwung mit Aufsetzen der Füße;
3 Stütz auf einem Holm;
4 Stützwechsel auf den anderen Holm;
5 Stütz auf beiden Holmen und Niedersprung in den Stand

Barrenturnen

Erweiterung des Übungsgutes ab Klasse 8

Bei einem auf Partner- und Gruppenturnen ausgerichteten Schulturnen ab Klasse 8 sollte auch weiterhin für die Schüler die Möglichkeit bestehen, neue Elemente zu erproben, u. a. Rolle vorwärts und Oberarmstand.

Rolle vorwärts aus dem Grätschsitz in den Grätschsitz

Die Rolle vorwärts am Barren ist nur dann zu üben, wenn die Rolle am Boden mit gestreckten Beinen aus dem Liegestütz oder aus dem Grätschstand in den Grätschsitz beherrscht wird. Die Hände fassen die Holme direkt vor den Oberschenkeln; die Beine sind gegrätscht; der Rücken rund und die Hüfte gebeugt; die Ellenbogen drücken nach unten (außen); die Hände greifen frühzeitig um. Eine möglichst langsame Bewegungsdemonstration und aktive Bewegungshilfe sind angebracht (eine Hand stützt unterm Holm am Rücken, die andere am Oberschenkel). Hinführende Übungen können dieses Element erleichtern und erlebbar machen, z. B. eine Rolle aus dem Grätschstand vor dem Kastendeckel in den Grätschsitz auf den Kastendeckel und die Rolle aus dem Querliegestütz auf den Holmen auf einer Matte. Ein Kasten oder Mattenberg in der Holmengasse erleichtert die ersten Versuche, kann die Angst vor dem Durchfallen nehmen (ca. 20 cm unter Holmenhöhe).

Rolle aus dem Liegestütz auf eine Matte

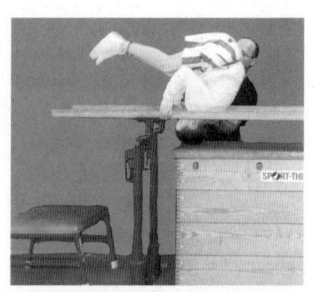

Rolle von einer Erhöhung auf eine Matte oder mit Kastensicherung

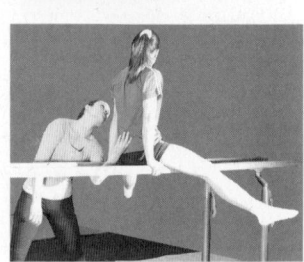

Rolle aus dem Grätschsitz in den Grätschsitz (schräg gestellte Holme als Erleichterung möglich)

Schüler beobachten und helfen sich gegenseitig

Wie viel Unterstützung ist notwendig? Wird die Rollbewegung leicht eingeleitet und der Grätschsitz fließend eingenommen? Sind die Beine ausreichend gegrätscht und gestreckt?

Barrenturnen

Der Oberarmstand ist für ein Turnen in der Schule ein sehr anspruchsvolles Element und nur den Schülern anzubieten, die die entsprechenden Vorraussetzungen besitzen. Er setzt den Kopfstand am Boden und die Rolle vorwärts am Barren (Abrollen) voraus, u. a. als Ausdruck ausreichender Körperspannung und Arm-Schulter-Muskulatur. Gehören beide nicht zu den gekonnten Übungen, ist der Oberarmstand dem Schüler nicht anzubieten. Der Oberarmstand aus dem Grätschsitz ist die anzustrebende Zielstellung (und gleichzeitig eine unentbehrliche Vorübung für den Oberarmstand aus dem Rückschwung).

Beim Oberarmstand aus dem Grätschsitz wird der Körper zunächst in den »Winkelstütz« auf den Oberarmen angehoben (Ellenbogen drücken nach außen-unten) und danach gestreckt (vergleichbar dem Vorgehen beim Kopfstand am Boden); die gespreizten Beine sollten dabei gestreckt bleiben. Ein Helfer ergreift so früh wie möglich mit ganzem Klammergriff den Oberschenkel, erleichtert durch Zug das Aufschwingen und unterstützt im Oberarmstand das Ausbalancieren. Aus dem Oberarmstand lässt sich ein Abrollen in den Grätschsitz anschließen (Hüfte zuerst abwinkeln, dann rollen; der Helfer erleichtert durch Zug nach oben die Rollbewegung). Auch die Rückbewegung in den Grätschsitz ist möglich.

Beim Oberarmstand aus dem Rückschwung für Fortgeschrittene beugen die Arme zügig beim »gebremsten« Rückschwung ab und der Körper schwingt in den Oberarmstand. Danach erfolgt ein Abrollen in den Grätschsitz oder das Zurückschwingen in den Stütz.

Oberarmstand aus dem Grätschsitz

Oberarmstand aus dem Grätschsitz mit Abrollen in den Grätschsitz

Wie viel Unterstützung ist notwendig? Wie sicher ist der Oberarmstand? Wie wirkt sich die straffe Haltung, besonders die Beinspannung, auf die Übung aus?

Schüler beobachten und helfen sich gegenseitig

Barrenturnen

Übungen zur Kräftigung und kleine Wettbewerbe

Ein Turnen am Barren sollte auch genutzt werden, um im spielerischen Miteinander zusätzlich Reize für eine Kräftigung der Stütz- und Rumpfkraft und der Körperspannung zu setzen (besonders im einleitenden und abschließenden Stundenteil). Auch die Schiebekämpfe werden über ein kooperatives Verhalten vorbereitet, indem zu Beginn auf den Partner abgestimmter Druck und Gegendruck möglichst lange gehalten werden soll.

Jeder versucht den anderen aus dem Stütz zu schieben:
- Brust an Brust
- Rücken an Rücken
- im Hockstand Rücken an Rücken

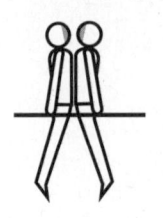

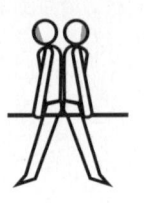

Heben zum Liegestütz, stützeln seitwärts bzw. durch die Holmengasse vor- und rückwärts

Heben in den Liegehang, hangeln seitwärts bzw. durch die Holmengasse vor- und rückwärts

Krebsgang (mit gestreckten Armen und angehobenen Hüften)

im Sohlenhang seitwärts hangeln

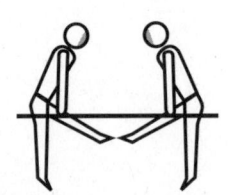

Mit einem Partner im Stütz Knie oder Füße berühren (Kombination rechts, links, beide)

Stützpendeln mit Partnern; Stützeln an einem Holm bzw. beiden Holmen

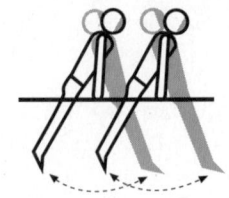

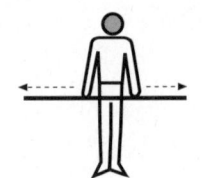

Barrenturnen

Barrenturnen

Körpererfahrungen / Gegensatzerfahrungen
Wechselweise mit gespannter und entspannter Beinmuskulatur Schwingen, Spreizen und Sitzen, Turnen der gleichen Elemente an Barren mit unterschiedlichen Holmenabständen bzw. unterschiedlicher Gerätehöhe, mit unterschiedlichen Griffarten bzw. Bewegungsrichtungen.

Kooperation, Kommunikation
Gegenseitiges Beobachten und Einschätzen der Bewegungsausführung, z. B. der Amplitude und Beinspannung bei Spreizformen, der Amplitude und des Rhythmus beim Schwingen, der Übereinstimmung beim Synchronturnen. Welche Schüler haben vergleichbare Leistungsfähigkeiten und bieten sich deshalb für ein Synchronturnen an? (z. B. viele Elemente im Hang, gleiche Auf- und Abgänge sowie Spreizformen)

Wagnis, Risiko
Werden Elemente und Übergänge in die Übungsverbindung einbezogen, die nicht immer in einer guten Ausführung gelingen, z. B. Turnen ohne Zwischenschwung, Abgänge mit 1/4 Drehung, Schwingen mit Öffnen und Schließen der Beine, Rolle vorwärts.

Ästhetische Akzente
Elemente und Übergänge fließend turnen, z. B. Überdrehen im Hang, Schwingen mit Aufsetzen der Füße auf die Holme, vom Turnen im Hang zum Turnen im Stütz. Besonders in den Ruhepunkten ist eine »turnerische« Haltung und Körperspannung anzustreben, z. B. bei den Sitzformen, bei den Liegestützvarianten, im Kipp- und Sturzhang.

Wahlmöglichkeiten, Probleme lösen
Welche Auf- und Abgänge, Spreiz- und Sitzformen, Elemente im Hang und Stütz sind in der Übungsverbindung zu berücksichtigen bzw. bieten sich beim Synchronturnen an? Welche Elemente können widergleich geturnt werden? (z. B. Spreizformen, Kehre Außenquersitz bzw. Kehre links und rechts)

Mit der Leistung angemessen umgehen, differenzieren
Welche individuell reizvollen und zugleich schwierigen Elemente sind in einer Übungsverbindung anzustreben? (z. B. Streckhang, Wende, Spreizformen, Kehre mit 1/4 Drehung) Wo sind Abstriche an der Bewegungsqualität vertretbar? (z. B. an der Haltung, Höhe beim Schwingen, Bewegungsfluss, an der Hockwende statt Wende, Hüft-Abzug mit gehockten statt gestreckten Beinen)

12. Reck und Stufenbarren

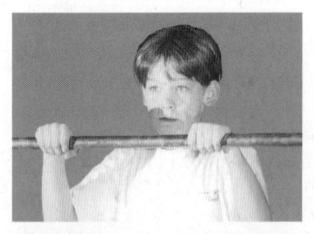

Ristgriff

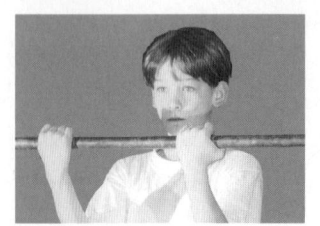

Kammgriff

Zwiegriff

Das Reck gilt als ein schwieriges Turngerät, weil besondere Anforderungen an die Arm- und Rumpfkraft bzw. das Last-Kraft-Verhältnis gestellt werden und das erlernbare Bewegungsrepertoire begrenzt erscheint. Deshalb ist ein Bewegungsangebot, das nicht überfordert und frustriert, wesentliche Voraussetzung eines schülergerechten Reckturnens.

Aufgrund von Bewegungsverwandtschaften wird das Turnen am Reck und am Stufenbarren in einem Abschnitt ausgewiesen. Die Elemente am Reck bzw. am unteren Holm werden zuerst beschrieben und durch weitere Elemente am Stufenbarren ergänzt. Damit soll auch deutlich werden, dass die am Reck erlernten Elemente eine gute Basis für das Turnen am Stufenbarren darstellen. Für die Klasse 5/6 bietet sich sowohl für die Jungen als auch für die Mädchen durch eine bessere Grifffestigkeit das Turnen am Reck an.

Im Schulturnen wird in der Regel am brust- bzw. schulterhohen Reck geturnt. Zwei Recks (eventuell mit unterschiedlicher Höhe) sollten zur Verfügung stehen, um ein intensives Turnen im Riegenwechselbetrieb zu ermöglichen. Als Griffart findet vorrangig der Ristgriff, teilweise der Kammgriff oder Zwiegriff Anwendung. Ein Kennzeichen des Reck- und Stufenbarrenturnens ist ein Bewegen um die feste Drehachse. Deshalb ist die Griffsicherheit eine wesentliche Voraussetzung. Bei Bedarf sichert der Helfer mit einem halben Klammergriff kurz oberhalb des Handgelenkes. Vorgaben zur Körperspannung und zur Haltung erleichtern meist die Bewegungsausführung und unterstützen sportliche und ästhetische Akzente. Die Reckstange kann u. U. mit Wärmeisolierungsschläuchen (im Baumarkt erhältlich) abgepolstert werden.

Zielstellungen Reck

Klasse 5–7 Jungen und Klasse 5/6 Mädchen
Kennenlernen und differenziertes Üben von Elementen des formgebundenen und freien Turnens. Erarbeitung individueller Übungsverbindungen von fünf bis sieben Elementen.

Klasse 8–10 Jungen
Synchrones Turnen gekonnter Elemente und ihre Zusammenführung in Übungsverbindungen.
(als Wahlgerät für das synchrone Turnen)

Zielstellungen Stufenbarren

Klasse 7/8 Mädchen
Kennenlernen und differenziertes Üben von stufenbarrentypischen Elementen und ihre Zusammenführung in Übungsverbindungen.

Klasse 9/10 Mädchen
Synchrones Turnen gekonnter Elemente und ihre Einbindung in Übungsverbindungen.
(als Wahlgerät für das synchrone Turnen)

Reck und Stufenbarren

Einige Elemente sollten mit den vorhandenen motorischen Möglichkeiten weit gehend »auf Anhieb« umgesetzt bzw. »erlernt« werden. Ein spielerisches, serienmäßiges Üben einfacher Elemente erweitert nicht nur das Bewegungsrepertoire, sondern trägt auch zur Verbesserung des Fähigkeitsniveaus (besonders der Stütz-, Rumpfkraft) und der Körperspannung bei. Außerdem soll durch eine bewusste Selbstbeobachtung eine effektive Stützposition und ein sicherer Hang erkundet werden.

12.1
Klasse 5–7
Vorbereitung einer Übungsverbindung

> Der Schüler soll erfahren: Wie er mit seinem Körper Bewegungen ausgleicht, um im Stütz bzw. im Hang im Gleichgewicht zu bleiben; was passiert, wenn die Spannung aufgehoben wird; wie wichtig eine richtige, die eigene Fähigkeit fördernde Hilfe ist.

Selbstbeobachtung und Körpererfahrung

Das Turnen im Hang erweitert die Bewegungsvielfalt am Reck bzw. Stufenbarren und bietet auch stützschwächeren Schülern Gestaltungsmöglichkeiten. Die Elemente können einzeln oder bereits als kleine Verbindungen geturnt werden und fördern somit ein differenziertes Üben.

Turnen im Hang

Vorhocken (Durchhocken) zum Kipphang oder *Einrollen rücklings* zum Kipphang; *Überdrehen* vorwärts und rückwärts aus und in den Hockhangstand

> Wie fließend, rund ist die Bewegung? Ist dabei der Kopf leicht zur Brust geneigt? Wie viel Abdruck bzw. Hilfe ist notwendig? Gelingt ein rhythmisches Überdrehen in Folge? Heben die Füße leicht ab, setzen sie leise auf?

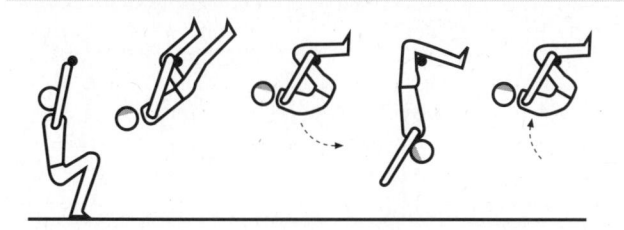

Vorhocken oder *Vorspreizen* zum Knieliegehang mit einem Bein neben oder zwischen den Händen (mit Beinwechsel) oder zum *beidbeinigen Knieliegehang* mit Grifflösen zum Kniehang und wieder in den Knieliegehang

> Wie zügig wird der Knieliegehang eingenommen? Gelingt der Wechsel der Beine im Knieliegehang fließend? Wie rund, harmonisch ist der Wechsel vom Knieliegehang zum Kniehang und zurück?

Reck und Stufenbarren

Vorlaufen durch die Spannbeuge
als Pendelschwung oder mit 1/2 Drehung in der größten Bogenspannung und wieder Vorlaufen durch die Spannbeuge

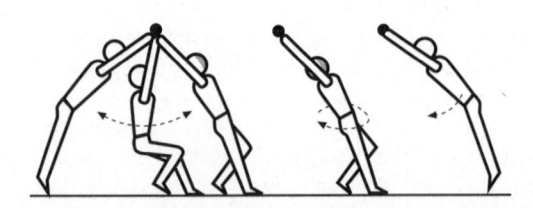

Wird eine deutliche Bogenspannung erreicht und dabei die Brust bewusst vorgeschoben? Gelingt der Richtungswechsel fließend? Bleiben die Arme weitgehend gestreckt? Sind mehrere Wiederholungen in guter Qualität möglich?

Pendelschwingen
im Knieliegehang einbeinig und beidbeinig bzw. im Hang mit gegrätschten Beinen (Füße gegen die Stange pressen)

Ist ein Pendeln ohne bzw. mit wenig Partnerhilfe möglich? Erfolgt das Pendelschwingen rhythmisch? Wie wirkt sich eine weite bzw. enge Grätschstellung aus?

Aufgänge

Eine Übung im Hang beginnt natürlich auch mit einem Aufgang. Nachfolgend sind Aufgänge gemeint, die oberhalb der Reckstange bzw. des Holmes enden. Bei altersgemäßer Sprung- und Stützkraft dürfte am brusthohen Reck oder Holm der Sprung in den Stütz kein Problem sein. Der Knie-Aufschwung aus dem Knieliegehang ist eine traditionelle Bewegung, um aus dem Hang in den Stütz zu gelangen. Der Hüft-Aufschwung ist ein relativ anspruchsvoller, für die Schüler oftmals reizvoller und über Lernhilfen auch für viele zu erlernender Aufgang aus dem Stand.

Sprung in den Stütz
mit geschlossenen Beinen oder mit Grätschen und Schließen der Beine (auch in Verbindung mit hohem oder weitem Niedersprung möglich, vgl. Seite 92)

Sind die Arme im Stütz gestreckt und der Körper gespannt? Können Auf- und Niedersprünge miteinander verbunden werden (Sprungbrett als Hilfe)? Wie fließend sind Sprungfolgen?

Reck und Stufenbarren

Der Knie-Aufschwung ist eine relativ einfache Möglichkeit, um aus einer Hangposition in den Stütz zu gelangen. Ein Knie-Aufschwung kann aus dem Knieliegehang mit einem zwischen oder neben den Händen gehockten Bein geturnt werden. Weil der Knie-Aufschwung und der Knie-Abschwung oft als Verbindung geturnt werden, erfolgt eine gemeinsame Darstellung.

Knie-Aufschwung und Knie-Abschwung

Knie-Aufschwung aus dem Knieliegehang

Wird nach der Ausholbewegung das gestreckte Bein kraftvoll und weit nach hinten geschwungen? Ist der Kopf beim Bewegungsvollzug leicht zur Brust geneigt und bleiben die Arme fast gestreckt? Führt der Knie-Aufschwung fließend in den Seitsitz? Was unterscheidet den Aufschwung mit dem linken oder rechten Schwungbein? Wie aktiv muss der Helfer unterstützen? Welche Fortsetzung ist günstig? (vgl. Abgänge Seite 93)

Der Helfer steht nahe der Reckstange an der Aufschwungseite und fördert mit einer Hand die Bewegung des Schwungbeines am Oberschenkel. Die andere Hand unterstützt am Rücken oder Gesäß die Bewegung nach oben zur Stange bzw. zum Holm. Als Vorübung eignet sich das wiederholte Schwungholen oder Pendeln im Knieliegehang. Bei ausreichendem Einsatz des Schwungbeines führt die Bewegung in den Seitsitz mit quer gegrätschten Beinen.

Hilfe beim Knie-Aufschwung

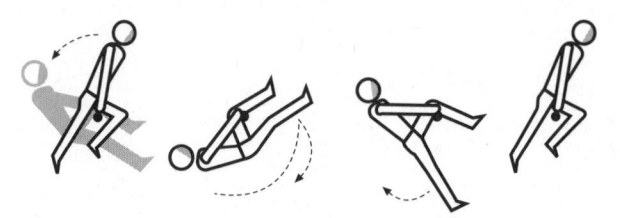

Knie-Abschwung und Knie-Aufschwung als Verbindung

Kann sowohl beim Ab- als auch Aufschwung eine Spannung gehalten werden? Wie harmonisch werden Ab- und Aufschwung verbunden? Gelingt die Übung mehrmals hintereinander in vergleichbarer Qualität?

Reck und Stufenbarren

Aufgänge am Stufenbarren

Ist die Bewegungssicherheit am unteren Holm gegeben, kann die Bewegung am oberen Holm bzw. mit Griffwechsel neue Impulse setzen. Beim Knie-Aufschwung bzw. Knie-Abschwung mit Griffwechsel steht der Helfer neben dem Übenden und sichert den Griffwechsel am Rücken ab.

Knie-Aufschwung mit Griffwechsel zum oberen Holm
aus dem Seitsitz mit quer gegrätschten Beinen, Knie-Abschwung und sofortiger Knie-Aufschwung mit Griffwechsel zum oberen Holm

Knie-Abschwung mit Griffwechsel zum unteren Holm
aus dem Knieliegehang (als Auftakt Becken leicht anheben und Arme beugen) und anschließend mit Knie-Aufschwung am unteren Holm fortsetzen

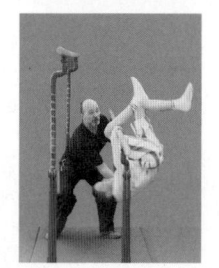

Schwingen aus dem Innenseitstand in den Außenseitsitz

Wird der Sitz fließend eingenommen? Welche Seite ist günstiger? Wie wirkt sich die Körperspannung aus?

Auf- und Vorhocken der Beine
aus dem Hang oder Schwung:
- zum Hockhangstand;
- zum Liegehang mit einem aufgehockten Bein;
- zum Liegehang

Vorspreizen (-grätschen)
aus dem Hang oder Vor- und Rückschwung:
- eines Beines in den Knieliegehang;
- beider Beine in den Liegehang

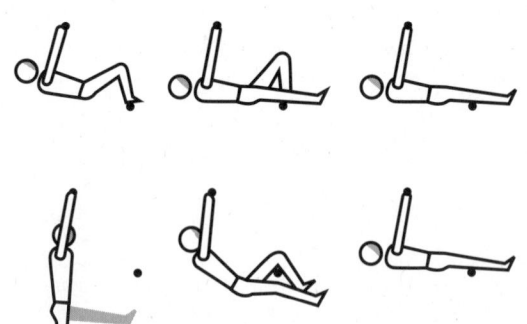

Reck und Stufenbarren

Der Hüft-Aufschwung ist eine anspruchsvolle Bewegung, um aus dem Stand in den Stütz zu gelangen. Bei ungünstigem Kraft-Last-Verhältnis sollte die Übungszeit aber für andere, leichter (effektiver) erlernbare Elemente genutzt werden. Erhöhte Abdruckstellen unterstützen den Lernprozess und fordern ein differenziertes Üben. Der Helfer steht auf der Aufschwungseite dicht neben dem Übenden und unterstützt an der Rückseite der Oberschenkel und am Rücken/Gesäß das Heranführen der Hüfte an die Stange.

Hüft-Aufschwung am Reck bzw. unteren Holm

Hüft-Aufschwung

Hilfe beim Hüft-Aufschwung

Wird das Schwungbein sichtbar über die Stange geführt? Ist der Abdruck des Standbeines erkennbar? Ist die Lernhilfe »Erhöhung« angemessen bzw. die Partnerhilfe richtig dosiert? Fällt ein Hüft-Aufschwung mit Kammgriff bzw. mit schnellem Anhocken der Beine eventuell leichter? Wie rund und fließend endet die Übung im Stütz? Was ist anders beim Hüft-Aufzug (ohne Abstoß der Beine für Leistungsstarke)?

Durch die erhöhte Abdruckstelle wird die Hüfte dichter an die Stange gebracht und damit der Aufschwung erleichtert. Dabei soll dem Bewegungsablauf des Aufschwunges aber weit gehend entsprochen werden. Deshalb ist besonders bei der schiefen Ebene zu beachten, dass es nicht zu einer Streckung der Arme kommt (Abstand zu weit).

Hüft-Aufschwung am oberen Holm (Hilfe am Rücken bzw. Gesäß

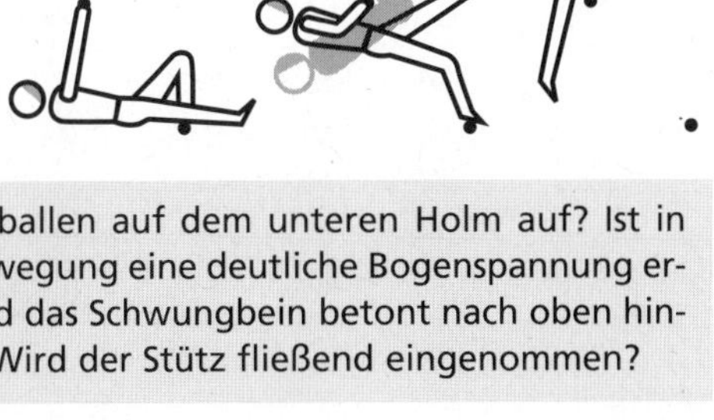

Hüft-Aufschwung an einer schiefen Ebene

Hüft-Aufschwung von einer Erhöhung (Kastendeckel, Turnhocker, Sprungbrett)

Setzt der Fußballen auf dem unteren Holm auf? Ist in der Ausholbewegung eine deutliche Bogenspannung erkennbar? Wird das Schwungbein betont nach oben hinten geführt? Wird der Stütz fließend eingenommen?

Reck und Stufenbarren

Abgänge

Aus einer Hangposition kopfabwärts führt ein Senken rück- oder vorwärts bzw. ein Abschwingen über den Hockhangstand in den Hockstand. Um aus dem Stütz die Reckstange oder den Holm zu verlassen, bieten sich der Niedersprung oder der Hüft-Abzug bzw. Spreizformen aus dem Seitsitz mit quer gegrätschten Beinen an. Der Felgunterschwung ist ein schultypisches, aber kompliziertes Schlusselement für leistungsstarke Schüler.

Senken
aus dem Hocksturz-, Kipp- oder Knieliegehang zum Hockhangstand bzw. Hockstand

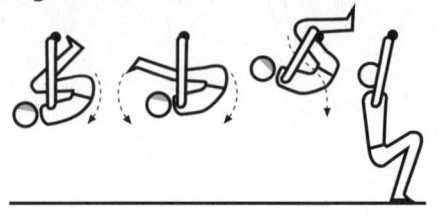

> Was ist anders beim Senken rück- bzw. vorwärts?

Abschwingen
aus dem Knieliegehang durch den Hangstütz in den Hockstand (die Hände setzen im Hang auf der Matte auf)

> Bleiben die Arme gestreckt und der Körper gespannt?

Niedersprung
aus dem Stütz mit hohem oder mit weitem Abschwung

> Erfolgt ein aktiver Niedersprung mit Armabdruck? Ist die Landung elastisch und sicher?

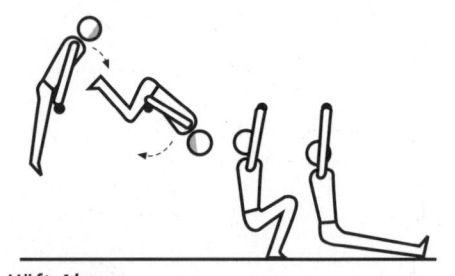

Hüft-Abzug
in den Hockhangstand oder in den Strecksitz (Winkelhangsitz)

> Setzen die Füße leise, langsam auf? Ist die Übung auch synchron mit einem Partner möglich?

Reck und Stufenbarren

Aus dem Seitsitz mit quer gegrätschten Beinen bietet sich das Spreizabsitzen mit 1/4 Drehung in den Stand, das Vorspreizen zum flüchtigen Sitz mit Niedersprung und das Rückspreizen an.

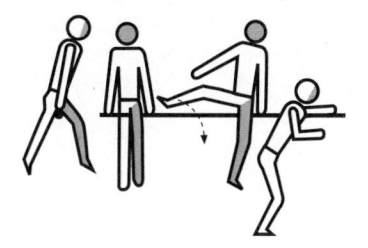

Spreizabsitzen
mit 1/4 Drehung
(Stützhand im Kammgriff)

Hilfe beim Spreizabsitzen

Vorspreizen
in den flüchtigen Sitz mit Niedersprung

Rückspreizen
mit Niedersprung aus dem Stütz

Langsamer Hüft-Abzug
am Stufenbarren vom oberen zum unteren Holm in den Liegehang oder in den Hang

Ist die Bewegung rund und flüssig?

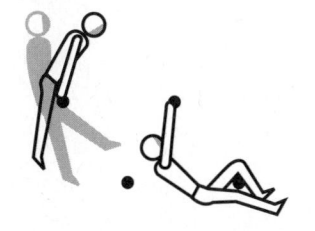

Absenken
aus dem Stütz am Stufenbarren vom oberen zum unteren Holm in den Knieliegehang oder mit Aufsetzen der Füße in den Hockhangstand

Helfer können die Bewegung zum Holm am Gesäß unterstützen.

Reck und Stufenbarren

Felgunterschwung aus dem Stand

Nur für leistungsstarke bietet sich der Felgunterschwung aus der Schrittstellung an. Damit die Bewegung sofort nach vorn-oben verläuft, ist am brusthohen Gerät zu turnen. Probleme bereiten die gestreckte Armführung und das Bringen der Hüfte zur Stange. Hilfreich als Vorübung kann ein Vorlaufen zur Spannbeuge (vgl. Seite 88) und das »Tarzanschwingen« zwischen Turnkästen an Tauen oder Ringen sein. Zunächst könnte der Unterschwung auch mit einer Scherbewegung der Beine ausgeführt werden, vergleichbar der Laufkehre am Barren.

Felgunterschwung aus dem Stand am Reck bzw. unteren Holm

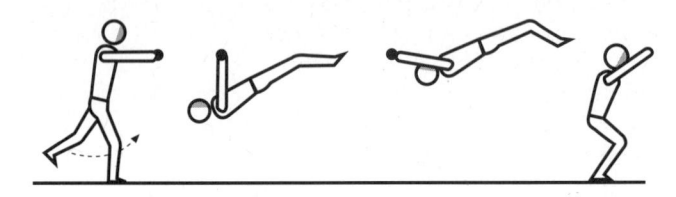

Hilfe beim Felgunterschwung

Wird die Hüfte durch die Aktionen des Schwung- und des Standbeines in Richtung Stange bzw. Holm gebracht? Gelingt eine Hüftstreckung (leichte Bogenspannung) und deutet sich diese Ganzkörperstreckung im »Flug« an? Wirkt der Unterschwung als ein harmonischer Gesamtablauf? Ist eine »Flugphase« und eine weiche Landung erkennbar?

Der bzw. die Helfer stehen auf der Landeseite dicht neben dem Übenden, erfassen mit der recknahen Hand (unter die Stange greifend) das Handgelenk (verhindert Überdrehen bei der Landung), mit der anderen Hand wird so früh wie möglich am Gesäß bzw. Rücken das Heranführen der Hüfte an die Stange für eine »Flugphase« unterstützt. Die Helfer gehen mit dem Übenden bis zum sicheren Stand mit.

Unterschwung aus dem Seitsitz am Stufenbarren durch flüchtiges Anristen der Beine in Richtung oberer Holm; mit dem Vorpendeln Strecken der Hüfte

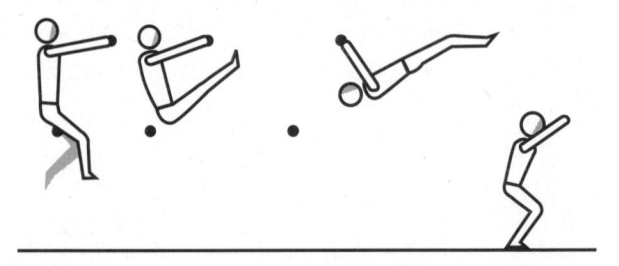

Wird das Gefühl des Fliegens ansatzweise erreicht? Wie wirkt sich die Kopfhaltung aus? Wird ein sicherer Stand erreicht?

Reck und Stufenbarren

Vor- und Rückspreizen ermöglichen den Übergang vom Stütz zum Seitsitz mit quer gegrätschten Beinen und umgekehrt sowie Abgänge (vgl. Seite 93). Diese »einfache« Bewegung bereitet vielen Schülern Schwierigkeiten, weil sie einen relativ hohen und sicheren Stütz voraussetzt, Gewichtsverlagerungen (teilweise bei kurzzeitiger Aufgabe einer Stützseite) und Körperspannung bedeutsam sind.

Vorspreizen und Rückspreizen

Beim Vorspreizen wird das möglichst gestreckte Bein seitwärts-vorwärts über die Stange oder Holm nach vorn zum Seitsitz neben der Hand bzw. zwischen den Händen (Einspreizen) geführt. Helfer unterstützen mit Klammergriff auf der spreizfreien Seite. Eine möglichst zügige Bewegung ist anzustreben.

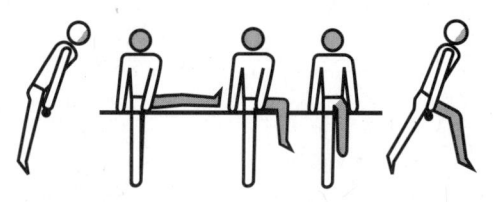

Vorspreizen und Einspreizen

Gibt es eine »bessere« Seite (links oder rechts; Vor- oder Rückspreizen)? Gelingt ein zügiger, fließender Bewegungsablauf ohne Aufsetzen des Fußes auf die Stange bzw. den Holm, auch als Folge? Welchen Einfluss hat die Körperspannung auf die Übung? Wie stark muss die Hilfe sein?

Die Spreizformen am Stufenbarren besitzen bereits den Charakter von kleinen Verbindungen mit haltungs- und gleichgewichtsschulenden Anforderungen. Eine möglichst gestreckte und gespannte Haltung erleichtert den Bewegungsvollzug. Die Selbst- und Fremdbeobachtung sollte deshalb besonders auf Spannungs- und Haltungsaspekte und auf einen harmonischen Gesamtablauf mit zügigem Griffwechsel ausgerichtet sein.

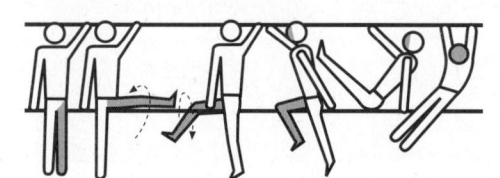

Spreizen und Drehen am unteren Holm

Aus dem Außenseitstütz am unteren Holm greift eine Hand zum oberen Holm; Vorspreizen zur stützfreien Seite (oder Vorspreizen im Stütz und dann erst Griffwechsel); Schwingen des Beines durch die Holmengasse zum Außenquersitz oder Winkelsitz oder in den Liegehang rücklings

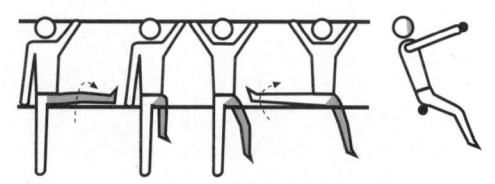

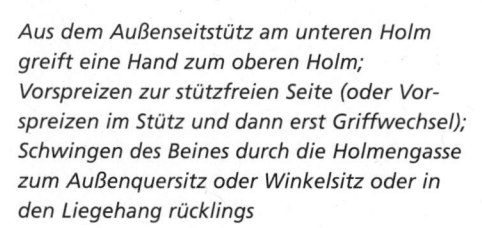

Aus dem Außenseitstütz am unteren Holm greift eine Hand zum oberen Holm; Vorspreizen zur stützfreien Seite; Gewichtsverlagerung auf den Oberschenkel des vorgespreizten Beines; Stützhand greift zum oberen Holm; Nachspreizen in den Innenseitsitz

Reck und Stufenbarren

Aufstellen eines Fußes und Aufrichten zur Standwaage aus dem Außenquersitz oder dem Winkelsitz;
Rückspreizen mit 1/4 Drehung zum Seitstand auf dem unteren Holm

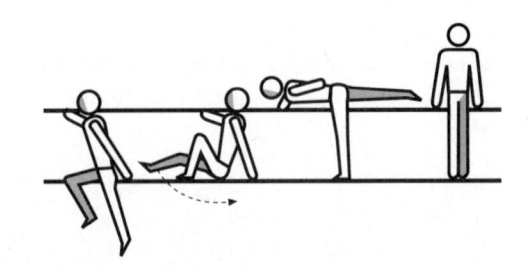

Schraubenspreizen

Das Schraubenspreizen beginnt und endet im Außenquersitz. Dabei wird das gestreckte (Schwung)-Bein durch die Holmengasse geschwungen.

Dreh-Spreizen mit 1/2 Drehung

Unterstützen die angewinkelten Arme durch Zug und Druck aktiv die Bewegung? Ist eine deutliche Körperspannung erkennbar und wirkt dadurch das Spreizen spielerisch? Gibt es eine bessere Seite?

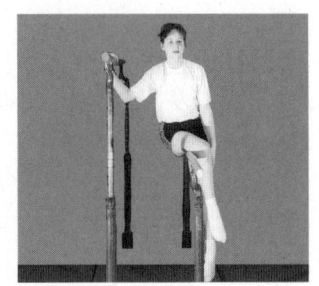

Aus dem Liegehang mit 1/4 Drehung in den Außenquersitz (durch Vorschieben des Gesäßes über den unteren Holm bei gleichzeitiger 1/4 Drehung)

Vorspreizen mit 1/2 Drehung aus dem Liegehang über das aufgelegte Bein mit Zug und Druck der Arme in den Seitsitz mit quer gegrätschten Beinen;
Vorspreizen in den Innenseitsitz

Reck und Stufenbarren

Der Knie-Umschwung aus dem Seitsitz mit quer gegrätschten Beinen ist eine Möglichkeit der 360°-Rotation um die Stange oder den Holm. Vorleistungen und Voraussetzungen sind der Knie-Abschwung und der Knie-Aufschwung (vgl. Seite 89). Sehr anspruchsvoll ist der Hüft-Umschwung im Stütz. Voraussetzungen hierfür sind ein gekonnter Hüft-Aufschwung und ein deutliches Abschwingen der Hüfte von der Stange bzw. Holm beim Rückschwung im Stütz. Nur dann sollte dieses Element zum Üben angeboten werden. Zunächst kann ein mehrmaliges und rhythmisches Schwungholen den Lernprozess erleichtern. Wird der Umschwung gekonnt, sollte möglichst ohne Zwischenschwung geturnt werden (Kraft sparend).

Knie-Umschwung und Hüft-Umschwung

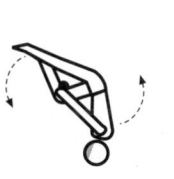

Knie-Umschwung rückwärts

Bleiben Arme und Oberkörper beim Rückfallen gestreckt? Unterstützt das Schwungbein die Bewegung? Wie stark ist die Hilfe beim Aufrichten (am Oberkörper) in den Sitz?

Hüft-Umschwung

Ist ein deutliches Schwungholen mit Entfernen der Hüfte von der Stange erkennbar? Bleibt bei der Rotation die Hüfte an der Stange und wie groß ist dabei die Hilfe? Wie fließend erfolgt die Gesamtbewegung bis zum sicheren Stütz?

Der bzw. die Helfer stehen auf der Aufschwungseite dicht neben dem Übenden. Sie geben möglichst früh am Rücken bzw. Gesäß und an der Rückseite der Oberschenkel Drehhilfe. Die Hüfte soll während des Umschwungs an der Stange bleiben.

Helfen ist angebracht

12.2 Klasse 5–7 Übungsverbindungen am Reck bzw. am unteren Holm

Die klassische Bewegungsverbindung beim Reckturnen »Aufschwung-Umschwung-Unterschwung« ist für viele Schüler zu schwierig und wird der angestrebten individuellen Bewegungslösung nicht gerecht. Auch wenn das Bewegungsrepertoire am Reck nicht der Vielfalt an den Turngeräten Boden und Barren entspricht, ergeben sich ausreichende Möglichkeiten, um individuell verfügbare Übungsverbindungen mit fünf oder mehr Elementen anzubieten. Die folgenden Beispiele sind als Anregungen zu verstehen, Elemente und Verbindungsteile sind austauschbar.

Schüler beobachten und helfen sich gegenseitig

Welche Elemente werden so beherrscht, dass sie in einer Übung eingebunden werden können? Wie sollte die Übung begonnen und wie können Elemente miteinander verbunden werden? An welcher Stelle ist u. U. Hilfe erwünscht? Wie rund, fließend ist der Gesamtablauf?

1 Vorhocken aus dem Hangstand in den Kipphang;
2 Senken zum Hangstand rücklings;
3 »Einrollen« zum Kipphang;
4 Kniehang;
5 Abschwingen über den Handstütz in den Hockstand;
6 Sprung in den Stütz;
7 Langsamer Hüft-Abzug in den Hockstand

1 Vorhocken oder Vorspreizen aus dem Hangstand in den Knieliegehang;
2 Knie-Aufschwung;
3 Spreizabsitzen mit 1/4 Drehung;
4 1/4 Drehung zum Gerät und Sprung in den Stütz;
5 Hüft-Abzug in den Strecksitz oder Hockstand

1 Sprung in den Stütz;
2 Vorspreizen links oder rechts in den Seitsitz mit quer gegrätschten Beinen;
3 Knie-Ab- und Knie-Aufschwung oder Knie-Umschwung;
4 Vorspreizen in den flüchtigen Seitsitz;
5 Niedersprung

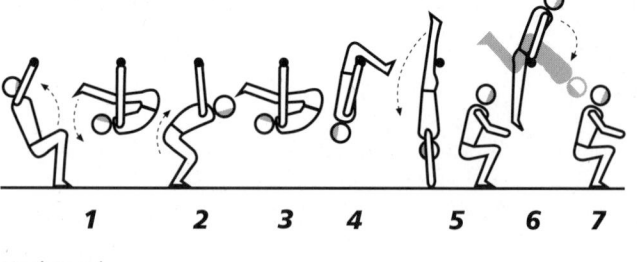

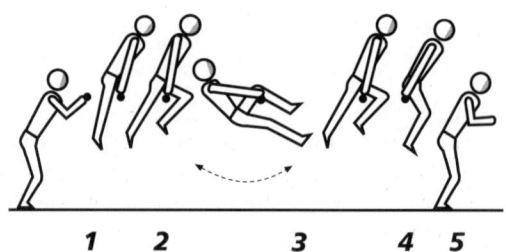

Reck und Stufenbarren 99

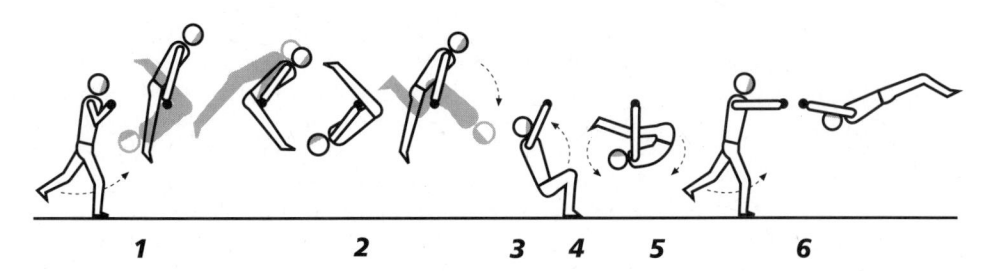

1 Hüft-Aufschwung;	3 Hüft-Abzug in den Hock-
2 Hüft-Umschwung zum	hangstand;
Stütz;	4 Vorhocken zum Kipphang;

5 Senken vor- oder rückwärts;
6 Aufrichten und Felgunterschwung

Die folgenden beiden Übungsverbindungen am Stufenbarren eignen sich besonders für Mädchen Klasse 7/8.

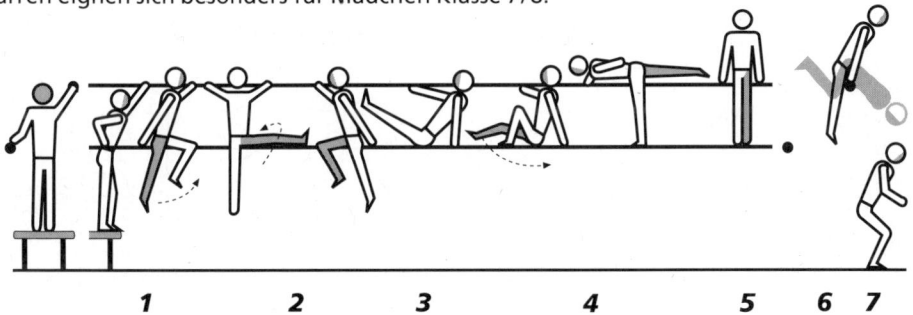

1 Aus dem Innenquerstand Schwingen in den Außenquersitz;
2 Schraubenspreizen in den Außenquersitz;
3 Winkelsitz;
4 Aufsetzen eines Fußes und Aufrichten zur Standwaage;
5 Rückspreizen mit 1/4 Drehung zum Seitstand;
6 Stütz am oberen Holm;
7 Hüft-Abzug; Niedersprung

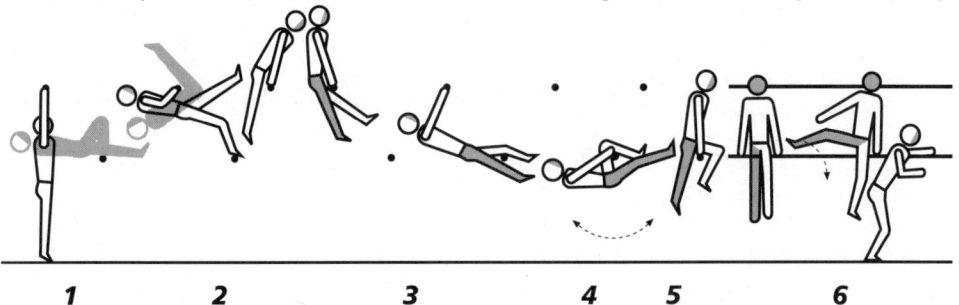

1 Aus dem Hang am oberen Holm Aufhocken und Vorspreizen;
2 Hüft-Aufschwung zum Stütz am oberen Holm;
3 Absenken mit Vorspreizen eines Beines;
4 Griffwechsel zum unteren Holm und Knie-Abschwung;
5 Sofortiger Knie-Aufschwung;
6 Spreizabsitzen mit 1/4 Drehung zum Stand

12.3 Synchronturnen Jungen Klasse 8–10 am Reck Mädchen Klasse 9/10 am Stufenbarren als Wahlgeräte

Neben den anderen Turngeräten sollten auch Reck und Stufenbarren zur Wahl stehen, um an einem Gerät Übungsverbindungen synchron zu turnen, auch wenn die Möglichkeiten eines gemeinsamen Turnens nicht vergleichbar sind mit denen am Boden oder Parallelbarren. Die beispielhaft ausgewiesenen Elemente und Übungsverbindungen stellen auch für ein synchrones Turnen die Grundlagen dar. Die gegenseitige Bewegungsbeobachtung und -anpassung ist beim gemeinsamen (auch gegengleichen) Reckturnen an einer Stange besonders günstig. Beim Stufenbarren bietet sich u. a. der gemeinsame Beginn an den Holmenenden an (aufeinander Zuturnen). Die beim synchronen Barrenturnen auf Seite 79 ausgewiesenen allgemeinen Hinweise zum Synchronturnen und zur Eigen- und Fremdbeobachtung treffen auch auf das synchrone Turnen am Reck bzw. Stufenbarren zu.

1 Hockhangstand;
2 Vorhocken zum Kipphang;
3 Knieliegehang;
4 Kniehang;
5 Knieliegehang;
6 Handstütz-Abschwingen zum Hockstand

1 Laufen durch die Spannbeuge (pendeln oder mit 1/2 Drehungen)
2 Sprung in den Stütz;
3 Hüft-Abzug zum Hockhangstand;
4 Vorhocken in den Knieliegehang; 3-mal pendeln;
5 Knie-Aufschwung mit dem dritten Pendeln;
6 Knie-Abschwung; Rückhocken in den Strecksitz

1 Hüft-Aufschwung;
2 Hüft-Umschwung;
3 Hoher Niedersprung;
4 Sprung in den Stütz und Hüft-Abzug in den Hangstand;
5 Aufrichten und Felgunterschwung

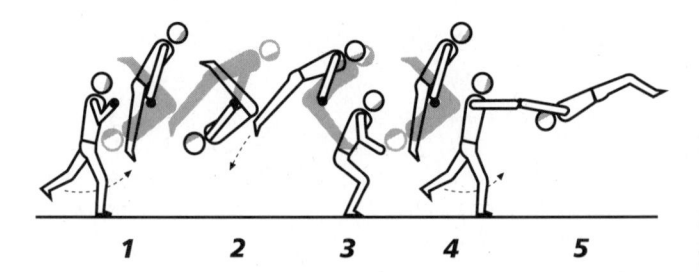

Reck und Stufenbarren **101**

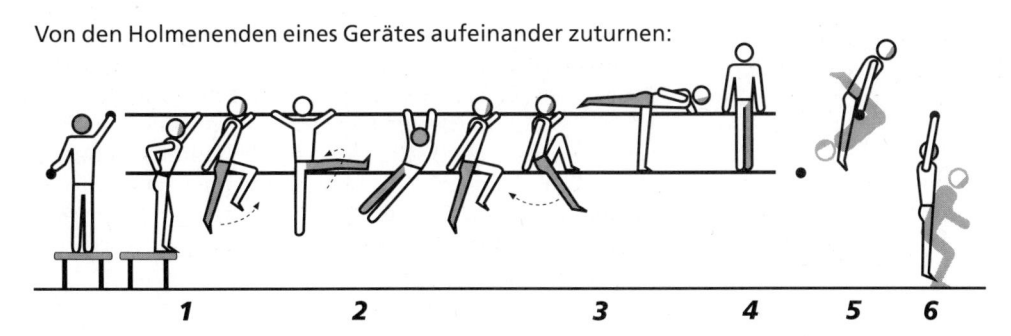

Von den Holmenenden eines Gerätes aufeinander zuturnen:

1 2 3 4 5 6

1 Schwingen aus dem Innenquerstand in den Außenquersitz;
2 Drehspreizen 360° wieder in den Außenquersitz;
3 Aufsetzen eines Fußes und Aufrichten zur Standwaage;
4 Rückspreizen mit 1/4 Drehung in den Seitstand;
5 Sprung in den Stütz;
6 Hüft-Abzug in den Hang und Niedersprung

An einem Gerät mit ca. 1 m Abstand nebeneinander turnen:

1 2 3 4 5 6 7

1 Vorhocken aus dem Hockhangstand in den Kipphang;
2 Knieliegehang; Kniehang und wieder Knieliegehang;
3 durch den Handstütz in den Hockstand abschwingen;
4 Sprung in den Stütz;
5 Vorspreizen eines Beines mit Griff zum oberen Holm;
6 Nachspreizen in den Innenseitsitz;
7 »Felgunterschwung«

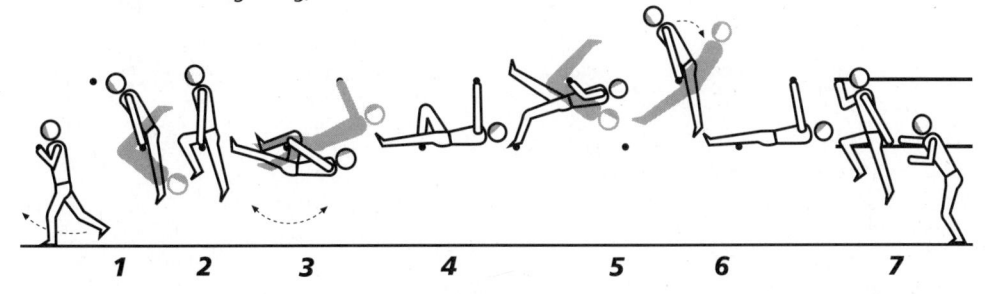

1 2 3 4 5 6 7

1 Hüft-Aufschwung aus dem Innenseitstand;
2 Vorspreizen mit dem vom Partner entfernten Bein;
3 Knie-Abschwung, Knie-Aufschwung mit Griffwechsel;
4 Vorspreizen in den Liegehang mit einem aufgesetzten Fuß;
5 Hüft-Aufschwung;
6 Absenken zum Liegehang;
7 Vorschieben mit 1/4 Drehung in den Außenquersitz und Niedersprung

Reck und Stufenbarren

Übungen zur Kräftigung

Ein Turnen an den Geräten Reck oder Stufenbarren sollte auch gleichzeitig genutzt werden, um in spielerischer Form Reize für eine Verbesserung der Stütz- und Rumpfkraft und der Körperspannung zu setzen. Am Ende des Hauptteils bzw. im abschließenden Stundenteil sind derartige Übungen besonders angebracht. Bewegungen am hanghohen Gerät können interessant sein und stimulierend wirken. Beim Abgang aus dem Schwingen ist darauf zu achten, dass stets im Umkehrpunkt vom Rück- zum Vorschwung der Niedersprung erfolgt.

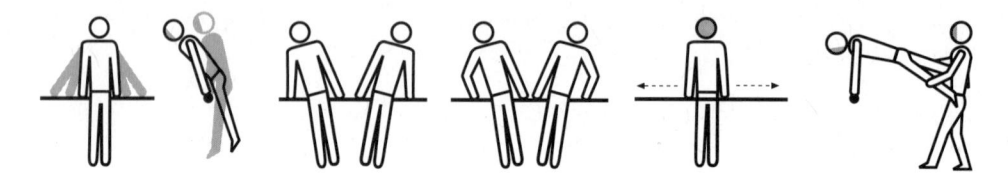

Übungen im Stütz:
- verschiedenen Griffweiten einnehmen
- Schulter vor- und rückführen
- Gewichtsverlagerung nach links und rechts
- einarmiges Beugen links und rechts
- Stützeln seitwärts nach links und rechts;
- Stützeln seitwärts im Liegestütz mit Partner

Sind die Arme und die Schultern gestreckt nach unten gedrückt (»Groß machen!«)? Welche Seite gelingt besser? Wie reagiert der Körper, um im Gleichgewicht zu bleiben? Wie fließend erfolgt die Gewichtsverlagerung bei Serien?

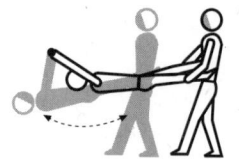

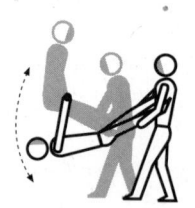

Im Liegehang:
- Hangeln seitwärts
- vorsichtiges Schaukeln (Übenden an den Knöcheln erfassen)

»Schieben« in den Stütz
(Arme des Übenden bleiben gestreckt; ein zweiter Helfer unterstützt am Rücken bzw. Gesäß)

Bleiben die Arme des Übenden beim »Schieben« gestreckt? Ist eine Körperspannung vorhanden? Gelingt die Übung auch in Folge? Erfolgt eine gute Abstimmung zwischen Helfer und Übenden?

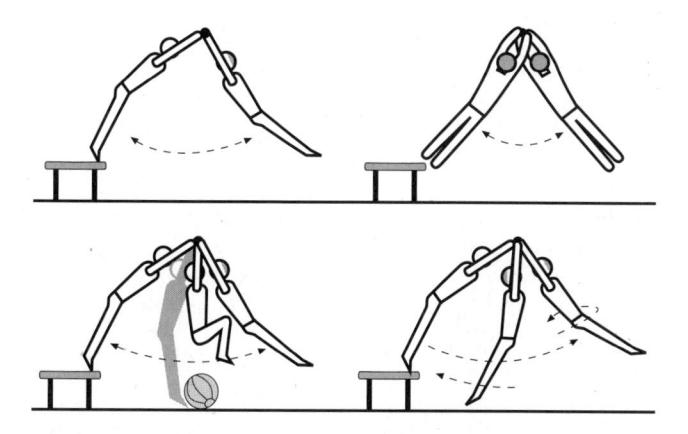

Reck und Stufenbarren

Pendeln und Schwingen im Hang mit leichtem Anschub oder von einer Erhöhung; Schwingen im Seit- oder Querverhalten

Schwingen über Hindernisse oder Wegstoßen von Gegenständen beim Vorschwung; Schwingen mit jeweils 1/2 Drehung am Ende des Vorschwungs

Welche Art des Schwingens ist angenehmer, leichter? Was ist anders beim Vor- bzw. Rückschwung? Gelingt die Übung auch synchron mit einem Partner?

Hangeln:
- im Seithang
- im Querhang
- mit jeweils 1/2 Drehung
- mit Partner und Platztausch (aneinander vorbeihangeln)

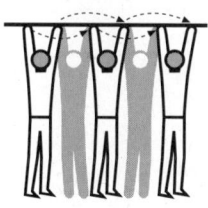

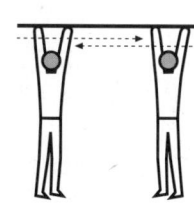

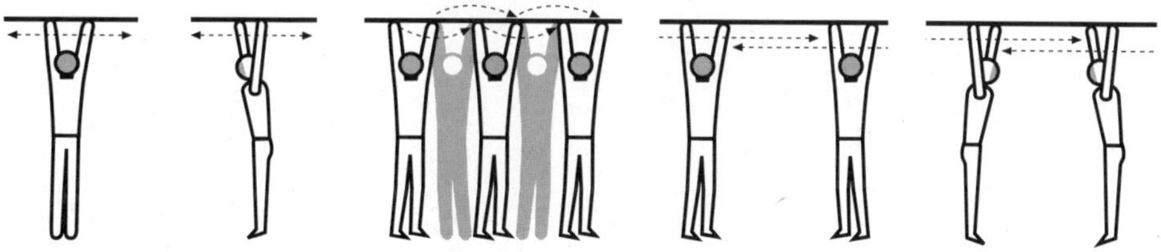

Welche Art des Hangelns ist leichter? Was ist anders? Gelingt die Übung auch mit zwischen den Knien oder Füßen gehaltenen Gegenständen (Schaumstoff, Tennisring, Softball)?

Balancieren am Stufenbarren:
- im Seitverhalten mit Nachstellschritten oder Kreuzschritten
- im Querverhalten

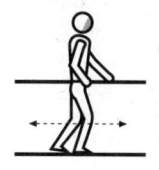

Hangeln seitwärts am Stufenbarren:
- im Knieliegehang
- mit aufgestellten Füßen (im Sohlenhang)

Wie fließend erfolgt die Bewegung? Gibt es eine bessere Seite? Können Partner ihre Plätze tauschen?

Reck und Stufenbarren

Kooperation, Kommunikation

Gegenseitiges Helfen und Sichern bei »schwierigen« Elementen mit Grifflösen. Ist ein synchrones Turnen mit mehreren (wechselnden) Partnern möglich? Wie kann die gegenseitige Bewegungsbeobachtung beim Synchronturnen effektiv gestaltet werden? Ermöglicht die Übungsanordnung Blickkontakte?

Wahlmöglichkeiten, Probleme lösen

Welche Elemente, Verbindungen sind unter den gegebenen Voraussetzung erlernbar und sollten geübt werden? Wie wird die Übung begonnen und wie werden die Elemente verbunden? Welche Erleichterungen können beim Erlernen genutzt werden (z. B. Rist- oder gestreckte Beinhaltung oder gestreckte Beinhaltung hockte)? Erkennen, wie wichtig eine richtige, die eigene Fähigkeit fördernde Hilfe, ist.

Wagnis, Risiko

Wann und warum kommt Angst auf? Wie kann diese überwunden werden, z. B. bei Umschwüngen, beim Stufenbarrenturnen am oberen Holm und bei Übungen mit Grifflösen oder Griffwechsel? Welche Hilfen werden benötigt bzw. sind im weiteren Übungsprozess abzubauen?

Körpererfahrungen Gegensatzerfahrungen

Abwechselndes Turnen gekonnter Elemente an unterschiedlich hohen Recks bzw. am Stufenbarren mit unterschiedlichem Holmabstand. Was ist anders, wenn erlernte Elemente in Folge geturnt werden (z. B. Überdrehen aus dem Hangstand, bei Spreizbewegungen, beim Knie-Aufschwung und Knie-Abschwung)? Wie wirkt sich ein Wechsel der Körperspannung aus?

Ästhetische Akzente

Eine straffe Körperhaltung ist besonders bei statischen Elementen optisch wirkungsvoll anzustreben (z. B. Elemente im Hang, im Sitz und im Stütz). Elemente möglichst zügig verbindungen, z. B. Überdrehen und rückwärts, Knie-Abturnen, Knie-Aufschwung, und Abgänge in Spreizübungen, den sicheren Stand.

Mit der Leistung angemessen umgehen, differenzieren

Welche Erleichterungen sind angemessen, bei welchen Elementen ist eine aktive Hilfe erforderlich? Auf welche Elemente im Hang bzw. im Stütz sollte sich konzentriert werden und welche bieten sich für die Übungsverbindung an? Für welche Elemente lohnt sich ein weiterführendes Üben wegen fehlender Voraussetzungen nicht? Ist die Übungsverbindung so angelegt, dass ihre Umsetzung ein Anreiz ist?

13. Schwebebalken

Der Schwebebalken ist das »Gleichgewichtsgerät« im Schulsport. Er gilt als typisch für Mädchen und wird erfahrungsgemäß als Wahlmöglichkeit für den Stufenbarren angesehen. Am Balken ist es möglich zu turnen, ohne besondere Anforderungen an Arm- und Rumpfkraft zu stellen, d. h., das oft ungünstige Kraft-Last-Verhältnis entscheidet weniger über Gelingen oder Misslingen von Bewegungen.

Schwebebalken als das Gleichgewichtsgerät

Sehr oft hat man nur einen Balken zur Verfügung. Indem Turnbänke umgedreht werden, bieten sich Übungsmöglichkeiten mit einer hohen Übungsdichte bei unkompliziertem Geräteaufbau. Einfache Elemente können im Strom geübt werden. Durch die Auflage auf Kastendeckel oder Kästen ist auch die Höhe der Bank variierbar.

Turnbänke nutzen

Das Übungsgut am Boden bildet die Grundlage für das Turnen am Balken. Am Balken gibt es mehr einfache Elemente, als mitunter in der Praxis geübt werden. Es können Elemente erst an der Turnbank bzw. am niedrigen Übungsbalken erkundet, geübt und gefestigt werden, bevor geprüft wird, ob man sich diese am höheren Balken zutraut. So können Übungsverbindungen mit Wechsel von der Bank zum Balken und umgekehrt entstehen, mit mehreren Auf- und Abgängen, wobei relativ schwierige Elemente an der Bank geturnt werden. Es gibt keinen Zwang, den hohen Balken zu nutzen bzw. Elemente nur mit diesem Ziel zu üben. Zumal unangemessene Höhen aufgrund von Angst lernhemmend und bewegungsstörend wirken. Legitim ist es aber, die Leistungsbereitschaft der Schüler zum Turnen am höheren Balken anzuregen, wenn die entsprechende Leistungsfähigkeit vorliegt. Außerdem ist zu lernen, bei Anzeichen von Gleichgewichtsverlust nicht sofort das Gerät zu verlassen.

Differenzierung auch über die Höhe der »Balken«

Ähnlich wie am Boden, bieten sich viele Wahlmöglichkeiten für Übungsverbindungen in den Klassen 5–7 und auch für das synchrone Turnen in den Klassen 8–10. In den Klassen 5/6 sollten Jungen in das Üben am Balken/Bank einbezogen werden, allerdings mit dem Ziel der Schulung des Gleichgewichts, der Körperspannung und Haltung sowie der Verbesserung der Bewegungskoordination.

Bewegungserfahrungen auch für Jungen

Zielstellungen

Durch das Turnen bereits bekannter Elemente am Boden die Gleichgewichtsfähigkeit, Körperspannung und Haltung bewusst wahrnehmen und verbessern (auch für Jungen). Erarbeitung einer Übungsverbindung.

Einführung in das Synchronturnen und Gestaltung von Gruppenübungen u.a. an unterschiedlich hohen bzw. mehreren »Balken« und mit unterschiedlicher Anzahl der gleichzeitig turnenden Schüler.

13.1
Klasse 5–7
Vorbereitung einer Übungsverbindung

Das sichere Bewegen, das Erhalten des Gleichgewichts, auf der schmalen Unterstützungsfläche ist zu Beginn des Übens vorrangig. Das Aufsteigen und der Strecksprung als Abgang ordnen sich hier ein. Mit Schritten, Ständen und balkennahen Elementen in verschiedenen Variationen werden Erfahrungen gesammelt, bevor Sprünge und Drehungen sowie Auf- und Abgänge folgen. Wenn eine gewisse Sicherheit vorhanden ist, sollte Bewegungstempo und -rhythmus betont werden. Eine aufrechte Körperhaltung und eine ruhige Armhaltung (Seithalte) erleichtern das Gleichgewicht zu finden. Höhere Anforderungen stellen Hochhalte, Vorhalte oder Schrägtiefhalte bzw. Armbewegungen, wie Armkreisen oder Armschwünge.

Schritte

Anders als beim Gehen auf der Straße setzen die Zehen zuerst auf. Als Vorübung bietet sich das wiederholte elastische Heben in den Ballenstand an. Die Schüler sollen selber Varianten erproben und ihre Schritte rhythmisch gestalten, u. U. mit partnerschaftlicher Hilfe. Beim Rückwärtsgehen wird das Gewicht erst verlagert, wenn der Fuß Fühlung mit dem Balken genommen hat. Bei Seitwärtsbewegungen sind Gleichgewichtsanforderungen besonders hoch.

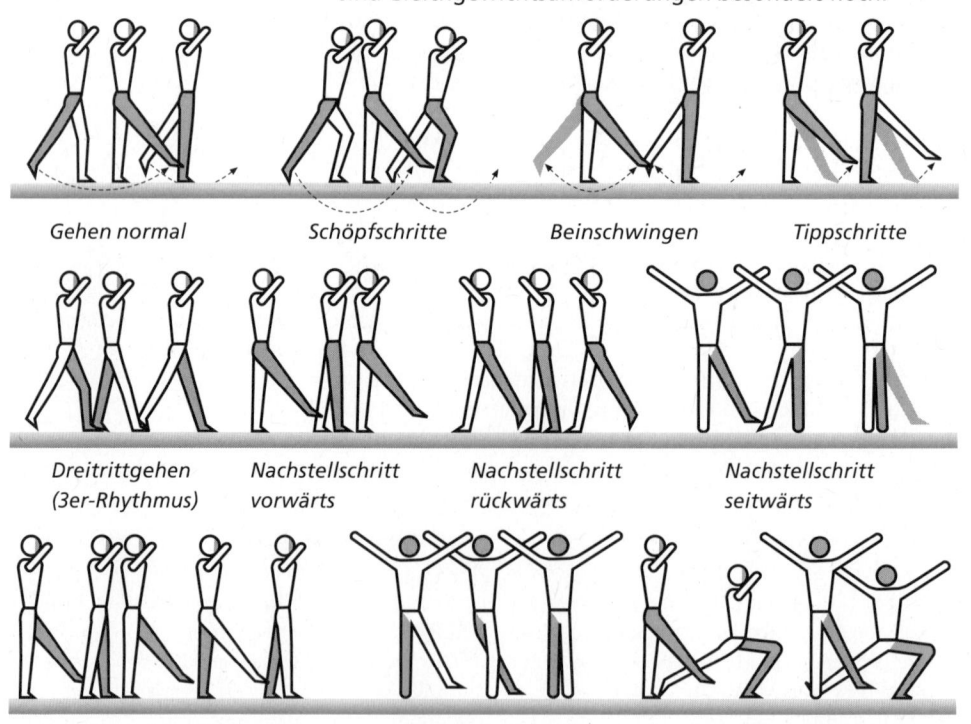

Gehen normal *Schöpfschritte* *Beinschwingen* *Tippschritte*

Dreitrittgehen (3er-Rhythmus) *Nachstellschritt vorwärts* *Nachstellschritt rückwärts* *Nachstellschritt seitwärts*

Wechselschritt (2er-, 3er-Takt) *Kreuztrittgehen seitwärts* *Ausfallschritt (Quer-, Seitverhalten)*

Schwebebalken

> Welche Schritte gelingen am besten? Werden dabei die Fußspitzen zuerst aufgestellt? Sind die Bewegungen fließend? Ist eine vergleichbare Qualität über eine ganze Balkenlänge gegeben? Können verschiedene Schritte miteinander kombiniert werden? Kann das Tempo variiert bzw. erhöht werden?

Schüler beobachten und helfen sich gegenseitig

Gegensatzerfahrungen und damit verbundene Körpererfahrungen sind anzuregen, durch Veränderung:
- des Tempos (langsam und schnell)
- der Armhaltung (Seit-, Vor-, Hoch- oder Tiefhalte)
- der Kopfhaltung (normal, im Nacken, zur Brust)
- der Schrittlänge (kurz, normal, lang und im Wechsel)
- der Körperhaltung (aufrecht, nach vorn, seitlich bzw. hinten geneigt)
- der optischen Orientierung (Blick auf das Balkenende, auf die Standstelle, Augen geschlossen)

Gegensatzerfahrungen bewusst anregen

Stände und balkennahe Elemente besitzen als »Kunststücke« eine besondere Bedeutung für die Übungsverbindungen. Diese »Halten« bieten bezüglich der Stand- und Spielbeinhaltung vielfältige Gestaltungsmöglichkeiten. Sicher ausgeführte Stände wirken ästhetisch. Als Übungsanregungen können Arbeitsblätter sehr nützlich sein.

Stände und balkennahe Elemente

Stände (beidbeinig, mit z. T. hohem Stand auf dem Fußballen)

Einbeinstände (Standwaage)

Balkennahe Elemente

Schwebebalken

Schüler beobachten und helfen sich gegenseitig

Kann der Stand bzw. das balkennahe Element ohne größere Ausgleichsbewegungen gehalten werden? Ist eine widergleiche Ausführung möglich? Wie können Armbewegungen zur Sicherung des Gleichgewichtes aber auch zur ästhetischen Gestaltung (Ausdruck) einbezogen werden? Welche Elemente können in eine Übungsverbindung angeboten werden?

Sprünge

Ziel ist es, die Unterstützungsfläche kurzfristig zu verlassen. Damit stellen Sprünge erhöhte Anforderungen an die Bewegungsgenauigkeit und das Gleichgewicht und setzen ein gewisses Maß an Konzentration und Mut voraus. Mit dosierten Absprüngen wird begonnen, um danach die Sprunghöhe und -weite zu steigern. Es ist darauf zu achten, dass es zu keiner Hohlkreuzhaltung kommt. Wenn eine ausreichende Sicherheit auf der umgedrehten Bank erreicht ist, bietet sich der Übergang zum Balken an. Körperspannung und eine »durchgängige« Seithalte der Arme unterstützen die Balance.

Strecksprung   *Wechselsprung*   *Quergrätschsprung*   *Nachstellhüpfer*

Einbeinsprung (mit Spielbeinvarianten)   *Galopp-/Pferdchensprung*   *Schrittsprung*

Wie groß ist die Sicherheit bei den einzelnen Sprungvarianten? Ist dabei eine individuell angemessene Höhe der Sprünge zu verzeichnen? Gelingt eine weiche Landung, beginnend mit dem Fußballen? Welche Sprünge können fortlaufend geturnt werden und erfolgen dabei die Übergänge harmonisch? Bei welchen Sprüngen ist eine beidseitige Ausführung möglich? Welche auf der Bank gekonnten Sprünge gelingen auch am Balken?

Schwebebalken **109**

Drehungen

Drehungen mit Rotation um die Körperlängsachse erfolgen mit Kontakt zur Unterstützungsfläche. Weil durch die Richtungsänderung das Spiel mit dem Gleichgewicht herausgefordert wird, sind Drehungen oftmals besonders reizvoll. Beidbeinige 1/2 Drehungen werden zuerst geübt. Die Drehung sind immer im hohen Ballenstand mit gestrecktem und gespanntem Körper auszuführen.

1/2 Drehung auf beiden Beinen im Hock-, Halbhockstand oder Stand sollten die Schüler problemlos bewältigen. Unterschiedliche Armführungen erweitern die Ausführung.

1/2 Drehung auf beiden Beinen

Die gegangene Schrittdrehung bietet sich ebenfalls für alle Schüler an. Dabei wird nach Beendigung einer halben Drehung das vordere Bein zurück gesetzt und fließend mit einer weiteren halben Drehung verbunden.

Schrittdrehungen

Drehungen auf einem Bein sind schwieriger und setzen ein höheres Maß an Bewegungs- und Gleichgewichtsempfinden sowie Körperspannung voraus.

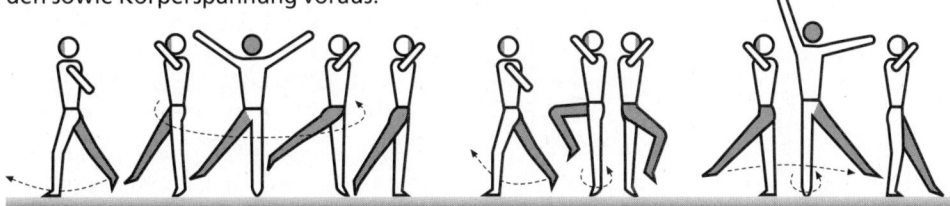

1/2 Drehung auf einem Bein vorwärts und rückwärts

Wird die Drehung fließend und auf den Fußballen ausgeführt? Ist der Stand nach der Drehung sicher? Wie beeinflusst die Körperspannung die Drehung? Gelingen auch mehrere Drehungen hintereinander? Gibt es eine bessere Seite? Welche Variante erscheint angemessen? Kann die Drehung ausdrucksstark angeboten werden?

Schüler beobachten und helfen sich gegenseitig

Schwebebalken

Aufgänge

Die Wahl des Aufganges sollte sich vorrangig nach der Bewegungssicherheit und der Möglichkeit des fließenden Weiterturnens richten. Helfer können Stabilisierungshilfe geben.

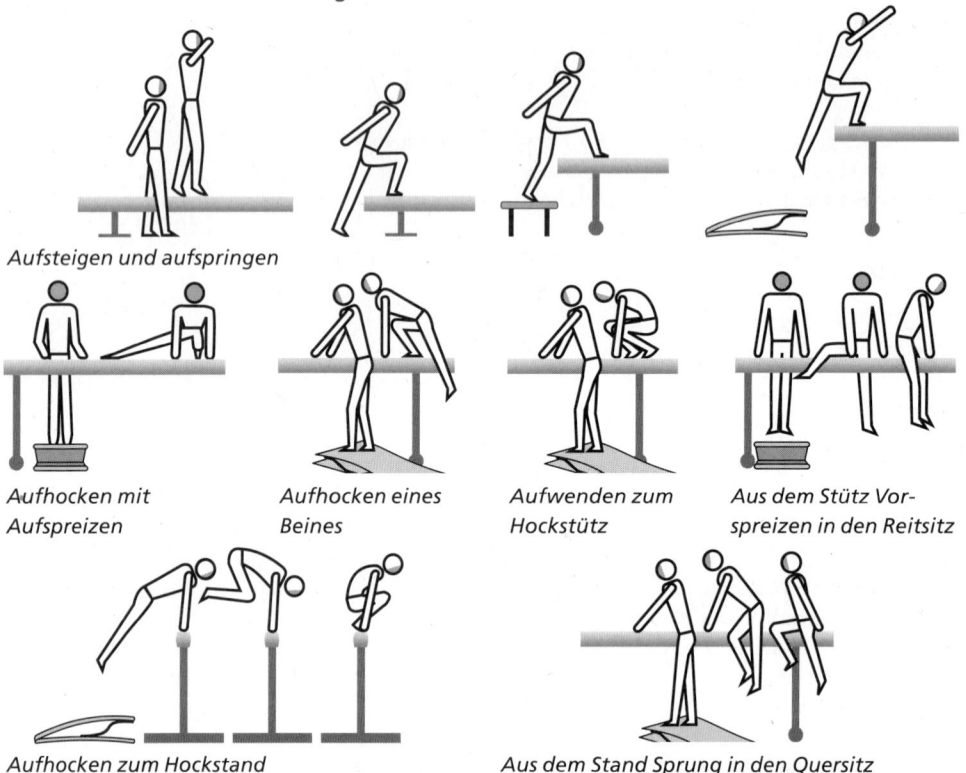

Aufsteigen und aufspringen

Aufhocken mit Aufspreizen   *Aufhocken eines Beines*   *Aufwenden zum Hockstütz*   *Aus dem Stütz Vorspreizen in den Reitsitz*

Aufhocken zum Hockstand   *Aus dem Stand Sprung in den Quersitz*

Schüler beobachten und helfen sich gegenseitig

Welcher Aufgang sollte entsprechend dem Übungs- und Lernstand erprobt und erlernt werden? Welche Aufgänge werden sicher beherrscht? Kann auf eine aktive Hilfe verzichtet werden? Welche Möglichkeiten für ein Weiterturnen sind gegeben?

Abgänge

Auch beim Turnen auf der Bank oder am niedrigen Balken ist stets auf einen »turnerischen« Abgang zu orientieren. Der bereits beim Sprung und am Boden geübte Strecksprung ist der schultypische Abgang, u.a. mit Beinbewegungen und 1/2 Drehung. Dabei ist auf einen Absprung mit aktiver Fußstreckung, mit gespanntem Körper und ohne Hohlkreuzhaltung zu achten. Bei balkennahen Elementen ist ein Niedersprung, Abspreizen oder Abwenden möglich, u.a. mit 1/4 Drehung.

Schwebebalken **111**

Strecksprung aus dem Seit- und Querverhalten   *Strecksprung mit 1/2 Drehung*   *Strecksprung mit Hocken*   *Strecksprung mit Seitgrätschen*

Spreizsprung   *Niedersprung*   *Abspreizen*   *Abwenden*

Ist ein deutlicher Absprung bzw. Abdruck vom Balken erkennbar? Wird ein sicherer Stand erreicht? Unterstützt die Armführung den Sprung und die Landung? Welcher Sprung gelingt am besten, wirkt harmonisch? Welche Abgänge bieten sich bei balkennahen Elementen an?

Schüler beobachten und helfen sich gegenseitig

Wie an allen anderen Geräten sind auch am Schwebebalken angemessene Übungsverbindungen anzubieten. Möglichst fließend und ausdrucksstark sind die einzelnen Elemente zu verbinden, wobei zwei Balkenlängen genutzt werden sollten, auch im Wechsel von Bank und Balken. Der Spielraum für eine individuell und ästhetisch wirksame Gestaltung wird durch verschiedene Arm- und Rumpfbewegungen erweitert. Die nachfolgenden Anregungen könnten auch für die Hand der Schüler hilfreich sein, wobei Teile der Übungen jederzeit austauschbar sind.

**13.2
Klasse 5–7
Übungsverbindungen**

Erfolgt während der Übung ein Wechsel von Tempo und Dynamik? Werden verschiedene Drehungen genutzt? Gibt es eine ästhetisch wirkende Armbewegung? Ist eine räumliche Gestaltung durch »hoch« und »tief« gegeben? Bei welchen Elementen oder Übergängen treten wiederholt Unsicherheiten auf?

Schüler beobachten und helfen sich gegenseitig

Schwebebalken

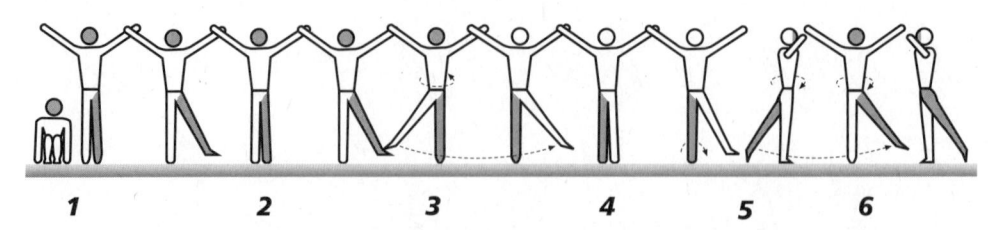

1 Aufhocken / Aufsteigen, Aufrichten in den Stand;
2 Nachstellschritt seitwärts;
3 1/2 Drehung;
4 Nachstellschritt seitwärts;
5 1/4 Drehung;
6 1/2 Drehung auf einem Bein vorwärts;

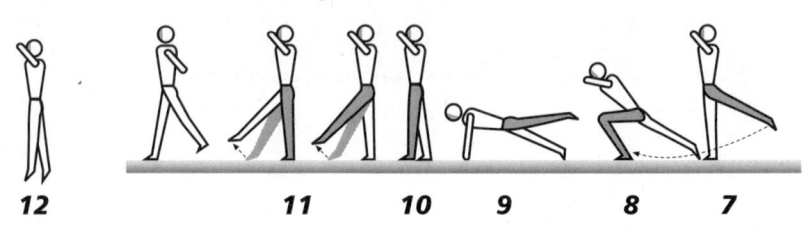

11 Tippschritte oder Dreitrittgehen bis zum Balkenende;
12 Spreiz- oder Strecksprung
9 Liegestütz mit Rückspreizen;
10 Aufrichten;
7 Einbeinstand;
8 Ausfallschritt;

1 Stütz und Vorspreizen mit 1/2 Drehung in den Reitsitz;
2 Heben der Beine in den Winkelsitz;
3 Senken in die Bauchlage;
4 Zurückschieben in die Kniewaage;
5 Vorschwingen des rückgespreizten Beines in den Unterschenkel-Hockstand;
6 Zwei Gehschritte;
7 Wechselsprung

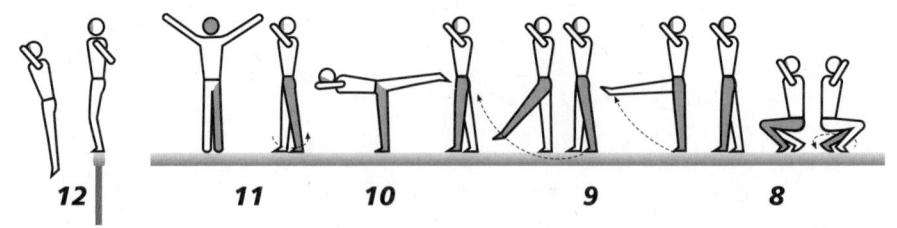

10 Senken in die Standwaage;
11 1/4 Drehung;
12 Strecksprung
9 Gehen mit hohem Vorspreizen rechts und links;
8 Senken in den Hockstand, 1/2 Drehung und Aufrichten;

Schwebebalken **113**

Ein Gruppen- und Synchronturnen kann auch auf mehreren Bänken und Balken erfolgen und Wechsel zwischen diesen teilweise unterschiedlich hohen Geräten einbeziehen. Wobei die »Balken« nebeneinander, im Drei- oder im Viereck angeordnet sein können. Auch die Anzahl der gleichzeitig Turnenden kann sehr variabel sein, von zwei bis eventuell sogar acht. Für ein Turnen an mehreren Geräten nebeneinander kann die auf Seite 112 ausgewiesene obere Übungsverbindung als Beispiel dienen (an der Bank erfolgt ein Aufsteigen).

13.3
Klasse 8–10
Gruppenturnen
Synchronturnen

Wie erfolgt die Abstimmung auf die Bewegung des Partners bzw. der Partner? Welche Elemente oder Übergänge können besonders synchron angeboten werden bzw. sind für ein Synchronturnen sehr störanfällig? Wo passen Synchronität und individuelle Auslegung (z. B. Arm- und Spielbeineinführung) gut zusammen?

Schüler beobachten und helfen sich gegenseitig

Ein Beispiel für das Paarturnen an einem »Balken« (Partner beginnen gemeinsam an den Stirnseiten):

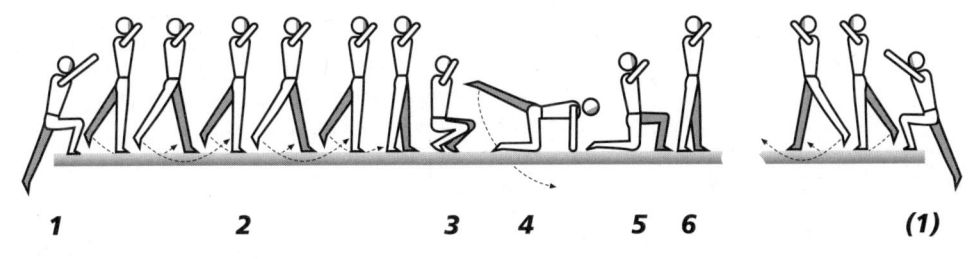

1   2   3   4   5   6   (1)

1 Aufsteigen;
2 Vier Gehschritte;
3 Senken in den Hockstand;
4 Kniewaage;

5 Vorschwingen des rückgespreizten Beines in den Unterschenkel-Hockstand;
6 Aufrichten in den Stand;

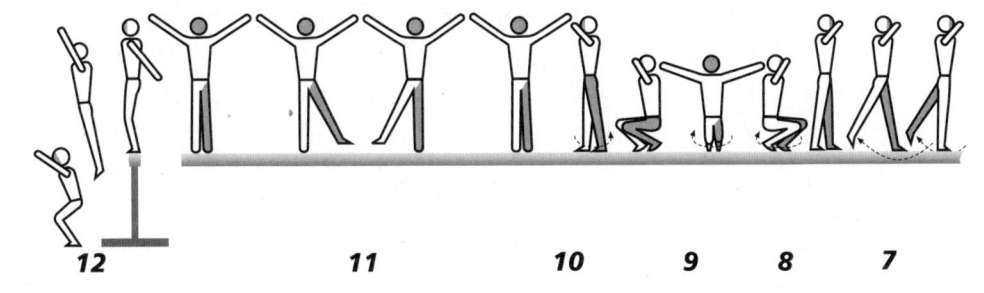

12   11   10   9   8   7

10 1/4 Drehung;
11 Nachstellschritt seitwärts vom Partner weg;
12 Strecksprung

7 Zwei Schritte rückwärts;
8 Senken in den Hockstand;
9 1/2 Drehung und Aufrichten;

14. Theoretische Basis: Ein dialektisches Unterrichtskonzept

Ausführliche Erläuterungen zu den theoretischen Grundlagen stehen im Band »Sportiv Leichtathletik – Schulmethodik Leichtathletik«, 1997. Unterricht vollzieht sich im Spannungsfeld von Sache (Kulturgut Sport und Spiel) und Schüler (Entfaltung von Individualität, Sozialität), Unterricht ist also ganz wesentlich gekennzeichnet durch die Beziehung »ad hominem und ad rem« (KLINGBERG 1995). Hierbei hat der Lehrer die Aufgabe, Sache und Schüler zu vermitteln, und das gelingt über den Einsatz bzw. die Mischung von mehr sach- und mehr schülerorientierten Methoden. Durch das didaktische Dreieck kann dieser grundlegende Sachverhalt verdeutlich werden, der die elementare Struktur jeglichen Unterrichts charakterisiert und sich somit als theoretischer Ausgangspunkt für methodische Abhandlungen eignet.

Didaktisches Dreieck als Ausgangspunkt

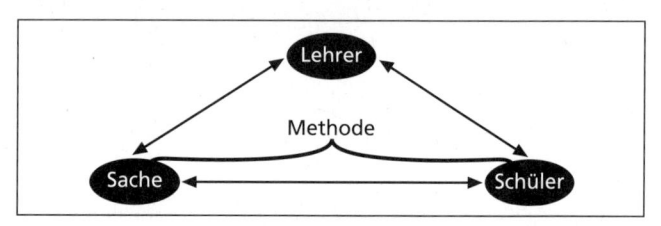

[Diagramm: Dreieck mit Lehrer oben, Sache und Schüler unten, verbunden durch »Methode«]

Eine Modifizierung von KLINGBERG (1995) betont die oben angedeutete Vermittlerrolle des Lehrers, verweist aber auch auf die beiden Seiten von Methode:

Der Lehrer als Vermittler von Sache und Schüler

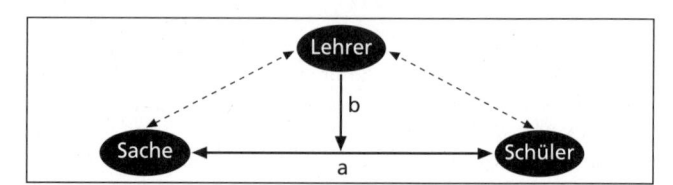

[Diagramm: Dreieck mit Lehrer oben (gestrichelte Linien), Sache und Schüler unten, Relation a zwischen Sache und Schüler, Relation b zwischen Lehrer und a]

»Die Relation b ist in ihrem Bezug auf a die didaktische Grundrelation, weil sie die Schüler-Gegenstandsbeziehung unter pädagogischen/didaktischen Gesichtspunkten vermittelt. Die Einwirkung auf die Relation a ist der (didaktische) ›Kern‹ der Lehrertätigkeit. Der Lehrer vermittelt die Auseinandersetzung des Lernenden mit dem Unterrichtsgegenstand, indem er den Schüler für die ›Sache‹ und die ›Sache‹ für den Schüler aufschließt.« (KLINGBERG 1995, S. 83)

Sport/Spiel und Schüler als widersprüchliches und dennoch unzertrennliches Paar

Sache und Schüler bzw. die zu ihrer »wechselseitigen Aufschließung« erforderlichen Methoden können seit SCHLEIERMACHER (1826/1871) als dialektische Pole angesehen werden, die sich einerseits ausschließen, andererseits bedingen und durchdringen, die also erst durch ihr widersprüchliches

Theoretische Basis: Ein dialektisches Unterrichtskonzept

und doch unzertrennliches, gemeinsames Wirken (Gerätturnunterricht) ermöglichen bzw. erzieherisch produktiv werden lassen.

Bei der nachfolgenden Kennzeichnung des Wechselverhältnisses stellen wir (mit etwas Mut zur Vereinfachung) zunächst den widersprüchlichen Eigenwert beider Seiten vor. Interessanter Weise kann hierbei, in deutlichem Gegensatz zu anderen Sportarten, auf turnspezifische Konzepte zurückgegriffen werden. Diese sind deshalb weitgehend passfähig mit Sach- und Schülerorientierung, weil »freies Turnen« naturgemäß als schülerorientiertes Konzept entwickelt wurde und das »formgebundene Turnen« seit jeher die Sachorientierung betonte.

Freies und formgebundenes Turnen als dialektische Pole

Widersprüchliche Einheit von formgebundenem und freiem Turnen »Eigenwert der Pole«	
formgebundenes Turnen **Sachorientierung**	**freies Turnen** **Schülerorientierung**
Ausgangspunkt ist das (für die Schüler schon aufbereitete) Gerätturnen. Durch die Aneignung von Turnelementen und ihre Zusammenführung in Übungsverbindungen wird in diesen Kulturbereich eingeführt und die Begrenztheit individueller Erfahrungen überschritten.	Ausgangspunkt ist der Schüler und ein Beitrag zu Individualität, Sozialität. Indem die Schüler in eine Beziehung zum Gerät treten und über turnerische Grundtätigkeiten Erfahrungen sammeln, entwickeln sie Körpersensibilität und lernen viele Bewegungsmöglichkeiten kennen.
»Fertige« turntypische Körperübungen, in einem »Kanon« übersichtlich geordnet und damit verbunden, seit langem erprobte methodische Wege verweisen auf angestrengtes, vertiefendes Üben von Zielfertigkeiten und orientieren auf Bewegungskönnen.	Vielfältige Bewegungsmöglichkeiten verweisen auch auf unübliche Körperübungen und Geräte und orientieren auf Freiräume, variationsreiches Erkunden, Experimentieren, auf selbstgewählte Körperübungen, die vielfach »auf Anhieb« ausgeführt werden können.
Erhöhung der Schwierigkeit, Erfahren von Widerständen und Hinausschieben von Grenzen. Das »Alles-oder-Nichts-Prinzip« als turntypischer Eigenwert.	Kein Zwang zu Höherem, wenig Leistungsdruck, subjektorientiertes, erlebnisreiches, unkompliziertes Tätigsein; eine weitgehende Reduzierung des »Alles-oder-Nichts-Prinzips«.
Verbesserung der Bewegungsqualität, Betonung von Körperspannung/Haltung als spezieller ästhetischer Akzent.	Keine »Ästhetik des Strammen« keine verallgemeinerte ästhetische Norm; eigene Maßstäbe und das persönlich Optimale gelten.
Lehrerzentriertes, deduktives Vorgehen liegt nahe. Der Lehrer als Fachmann und Motor weiß, wohin er seine Schüler (möglichst schnell) führen soll.	Erfahrungsbezogenes, forschendes, kontrastierendes, kooperatives Vorgehen ist bedeutsam. Der Lehrer (als Berater und Helfer) und die Schüler verständigen sich, können mitbestimmen und erwerben Methodenkompetenzen.

Unterschiedliche theoretische Voraussetzungen relativieren sportdidaktische Standpunkte

Diese Charakteristik lässt allerdings die Kompliziertheit und Komplexität theoretischer Bezüge nur begrenzt erkennen. Denn Sache und Schüler können unterschiedliche Voraussetzungen haben: So kann die »Sache« Sport begrifflich recht unterschiedlich gefasst werden, beeinflusst als veränderliches Kulturphänomen in einer sich dynamisch ändernden Gesellschaft, Schule, Sportunterricht, Schüler. Und zum Schüler gehören Standpunkte zum Wesen des Menschen, zum Menschenbild, zur sich ändernden Übernahme von Kulturgut, zum Beitrag für die Entfaltung von Individualität, Sozialität und anderen humanen Potentialen, die Bedeutung für Schule und Sportunterricht haben.

Unterschiedliche Interpretationen obiger Voraussetzungen bzw. Bedingungen führen zu spezifischen Qualitäten und lassen die Relativität sportdidaktischer Standpunkte erkennen.

Das dialektische Verhältnis kann weiterführend wie folgt beschrieben werden:

Entfaltung des Eigenwertes nur durch Bezug zum anderen Pol

Weil der jeweilige Eigenwert als eine Teilwahrheit angesehen werden kann, die sich nur im Zusammenhang mit dem gegensätzlichen Pol entfaltet, verwirklichen beide zusammen eine insgesamt relativ harmonische, dauerhafte, stabile Einheit und konstituieren so ein Systemganzes (Unterricht). Dialektische Pole in der Pädagogik bzw. Didaktik gehören also zu jenem Typ von Widersprüchen, bei denen das Sich-Bedingen über das Sich-Ausschließen dominiert, sie stehen sich nicht feindlich gegenüber, um sich gegenseitig zu überwinden oder ineinander umzuschlagen, wie das einige sportmethodische Diskussionen erkennen lassen.

Das Konzept setzt auf Methodenvielfalt

Beide Pole können nur nutzbar gemacht werden, wenn sie methodisch »ausgereizt« werden, wenn also ein Methodenrepertoire zur Verfügung steht, dass Sach- und Schülerorientierung situationsgerecht und variabel einzubringen vermag. Dieses Konzept setzt auf Methodenvielfalt, die schon ohne eine bewusste Berücksichtigung von Sach- und Schülerorientierung Einseitigkeiten weniger zulässt.

Parteilichkeit ist möglich, aber im Bewusstsein der Eingebundenheit in beide Pole

Diese prinzipielle Position lässt auch Raum für Parteilichkeit, die im Methodenrepertoire mehr Wert auf den einen oder anderen Pol legt, wenngleich dadurch die Gefahr von Einseitigkeiten in bedrohliche Nähe rückt. Hier dürfte es fließende Grenzen geben, zumal
- die gleichberechtigte Berücksichtigung beider Pole ohnehin nicht exakt zu ermitteln ist,
- sich zeitweilige Schwerpunktsetzungen, auch im Sinne von Stufenspezifika, ergeben können,

- stoffliche Anforderungen evtl. mehr auf einen Pol verweisen,
- vielfältige Bedingungen besondere Akzente setzen,
- eine starke Lehrerpersönlichkeit und gute Lehrer-Schüler-Beziehungen über Kompensationsmöglichkeiten verfügen.

Mehr sach- und mehr schülerorientierte Methoden sind nicht nur widersprüchlich aufeinander bezogen, sie gehen auch ineinander über, lassen also Ähnlichkeiten oder Gemeinsamkeiten in bestimmten Merkmalen erkennen:

Übergänge zum jeweils anderen Pol

- So enthält die Sachorientierung immer eine gewisse Schülerorientierung. Denn Sport und Spiel bzw. Gerätturnen in der Schule sind schon aufbereitet, auf die Lern- und Leistungsmöglichkeiten der Schüler hin gedacht. So führt auch in einem mehr sachorientierten Unterricht das angeeignete sportliche Können zu Beherrschungsfreude, Sicherheit und Selbstvertrauen, Erlebnissen des Leistungsvergleichs; aus eigener Erfindungskraft nicht zugängliche Bewegungsbedeutungen und Erfahrungen können erlebt werden (FUNKE-WIENEKE 1995); es gibt Körperübungen, für die viele Wahl- und Entscheidungsmöglichkeiten typisch sind.

Sachorientierung ist schon auf die Lern- und Leistungsmöglichkeiten der Schüler bezogen

- Aber auch die Schülerorientierung ist schon mit der Sachorientierung verbunden, denn ohne eine Auseinandersetzung mit einer Sache gibt es keinen Unterricht, kann kein spezifischer Beitrag zur Entwicklung der Schüler geleistet werden. So führt die subjektiv-schöpferische Deutung von Bewegungsmöglichkeiten vielfach zu Körperübungen, die dann zielgerichtet und vertiefend weitergeübt werden (ebenda); Körpererfahrungen eröffnen sich auch bei einem mehr leistungsorientierten Sporttreiben und in traditionellen Sportarten (TREUTLEIN/FUNKE/SPERLE 1986); individuelle Zielstellungen beziehen sich auch oder besonders auf den Erwerb sportlichen Könnens bzw. die Verbesserung der Leistungsfähigkeit.

Entwicklung des Schülers verlangt Auseinandersetzung mit der Sache

Solche Übergänge sind ein gewisser Garant für die Erhaltung des Spannungsfeldes und ermöglichen es, die Praxis treffsicherer einzuschätzen. Zumindest tendenziell können methodische Schwarz-Weiß-Malereien abgebaut werden; Vorstellungen und Feindbilder, immer wieder »alles ganz anders« machen zu müssen, verlieren damit ihre Basis. Ein konstruktiveres Verhältnis von Theorie und Praxis erscheint möglich.

Vereinseitigungen, Isolierungen vom anderen Pol	Durch die polare Konstellation sind Gefahren von Vereinseitigungen gewissermaßen angelegt. Sie sind, mit vielfach bildhaften Formulierungen, ein hervorstechendes Merkmal auch sportpädagogischer bzw. -didaktischer Diskussionen. Gleichzeitig aber machen gerade Loslösungen vom anderen Pol auf die Bedeutung der Wechselwirkung von Fremd- und Selbstbestimmung, von Sach- und Schülerorientierung nachdrücklich aufmerksam, sie sind blicköffnend für den dialektischen Charakter von Erziehung und Unterricht.
Überzogene Sachorientierung – Gängeln	Eine überzogene Sachorientierung verweist auf Gefahren des Stoffschüttens sowie bis ins Detail vorwegbestimmter Lernschritte, die die Herrschaft des Lehrers erkennen lassen. Der Schüler erscheint als Knetmasse oder Gefäß, dem etwas eingetrichtert wird. Es besteht die Tendenz, sich nur begrenzt den sportpädagogischen Herausforderungen unserer Zeit zu stellen, pädagogische Themen können eine gewisse Randständigkeit erhalten, der Schüler verschwindet nahezu hinter den Körperübungen und Sportarten.
Eine »Pädagogik ohne Kinder«	Eine »Pädagogik ohne Kinder« liegt nahe, die Führung mit Gängelung gleichsetzt: kleinliche Führung, Misstrauen gegenüber Äußerungen von Selbstständigkeit; man setzt bei den Schülern nichts voraus, erwartet nichts, traut ihnen nichts zu, stärkt sie nicht in der Überzeugung, dass sie etwas können. (KLINGBERG 1962) Noch grundsätzlicher: Eine überzogene Sachorientierung kann Wertvorstellungen einer konkurrenzorientierten Ellbogengesellschaft transportieren, sodass Tendenzen zu Konservatismus, Dogmatismus, Willkür, Anpassung des Schülers nahe liegen.
Überzogene Schülerorientierung – Selbstlauf	Überzogene Schülerorientierung als »Pädagogik vom Kinde aus« setzt Selbsttätigkeit und Selbstlauf gleich: »Wachsen lassen« als Unterordnung pädagogischer Intentionen unter die spontanen Interessen und Neigungen der Schüler, als eine Auffassung von Unterricht, in der Spontanität, Individualismus und Anarchismus den Ton angeben. Selbstständige Schülerarbeit als Selbstzweck, bloßes Spiel mit der methodischen Form, nicht durchdachtes methodisches Improvisieren, als »Auflockerung«, als Arbeitspause für den Lehrer. (KLINGBERG 1962)
Eine »Pädagogik vom Kinde aus«	Ein »Macht-was-ihr-wollt-Unterricht« stellt die Schüler nicht zufrieden, vernachlässigt die Wünsche der Schüler nach Führung durch den geachteten Lehrer, vernachlässigt eventuell Anstrengung, Belastung, Leisten, kann damit die

Theoretische Basis: Ein dialektisches Unterrichtskonzept

Wirklichkeit verstellen und die Schüler interessierende sportliche Intentionen in den Hintergrund rücken. Andererseits können die Schüler abwählen oder sich drücken, begründete Lehrerforderungen können also abgelehnt werden; leistungsstärkere Schüler setzen sich evtl. durch (KURZ 1989). Insgesamt ergibt sich eine Tendenz zur Unterschätzung von sportlichen Kompetenzen und eine Nähe zu Aktionismus, evtl. zum Sich-Anbiedern, zu Chaos, zu antipädagogischem Terrain.

Tendenzen zur Antipädagogik

Schon SCHLEIERMACHER warnte eindrucksvoll vor Vereinseitigungen: »Strenge Regelmäßigkeit allein führt zu einem Zustand der Knechtschaft, ungebundene Tätigkeit allein artet in Zügellosigkeit aus. In diesem Falle ist die Schule die schlechteste Vorbereitung für das Leben.« (1871, 303)

Jede Einseitigkeit führt in die Irre

Die Ähnlichkeit dieser Aussage mit der einprägsamen Charakteristik von WINKEL 160 Jahre später ist offensichtlich: »Der nur auf die Freiheit, die Selbstregulierung und Selbstbestimmung setzende Pädagoge wird unfreie Menschen heranziehen: Kinder als Knechte ihrer Launen, Schüler als Sklaven ihrer neurotischen Bedürfnisse, Jugendliche, denen Freiheit dasselbe ist wie Rücksichtslosigkeit. Umgekehrt: Wo immer Bindung gelehrt und gelebt wird, erstickt jede Eigenaktivität, verkrüppelt der junge Mensch, werden Kopfnicker oder Revoluzzer großgezogen.« (1986, 17)

Solche Extreme verweisen eindrucksvoll darauf, dass polares Denken extremes Denken in Grenzen halten kann.

Prozessuale Aspekte, in dieser Publikation nur begrenzt – vor allem über die Stufenspezifik – berücksichtigt, können aus einer dialektischen Sicht durch spiralförmige Entwicklungen, durch »Zonen der aktuellen Leistung und der nächsten Entwicklung« oder durch ein Phasenmodell gekennzeichnet werden (STIEHLER 1967): Eine Seite eilt der anderen in ihrem Niveau voraus und es kommt zu einer Nichtübereinstimmung, zu einer Störung des bisherigen Wechselverhältnisses. Das verlangt ein »Nachziehen«, d. h. eine qualitative Anhebung der anderen Seite. So stimulieren sich Sach- und Schülerorientierung (partiell, punktuell) immer wieder gegenseitig, sie »schaukeln sich hoch« und gewinnen hierbei an Qualität. Im günstigsten Fall kommt es offenbar zu einer Reduzierung der Gegensätze von Sach- und Schülerorientierung. Letztlich können diese verschmelzen, wodurch idealer Weise das Ziel von Erziehung und Unterricht erreicht wird: die Selbstständigkeit/Mündigkeit des Schülers.

Entwicklungsvorstellungen

Literaturverzeichnis

Aeppli, L./Leuba, J.-C.: Turnen und Sport in der Schule. Band 7: Geräteturnen Mädchen und Knaben. Bern 1988
Blume, M.: Akrobatik mit Kindern und Jugendlichen. Aachen 1995
Brodtmann, D.: Unterrichtsmodelle zum problemorientierten Sportunterricht. Reinbek 1984
Bruckmann, M.: Wir turnen miteinander. Stuttgart 1990
Bruckmann, M.: Gerätturnen in der Schule heute: Aus wenig viel machen! In: Sportunterricht 42 (1993) 1
Bruckmann, M.: Gerätturnen in der Sportlehrerausbildung: Freies Turnen – Bilanz und Perspektiven. Münster 1998
Bruckmann, M.: Gerätturnen Mädchen. Berlin 1993
Bruckmann, K./Bröcker, H./Bruckmann, M.: Gerätturnen Jungen. Berlin 1992
Ehni, H.: Spiel und Sport mit Kindern – ein Wissensangebot. In: *Ehni, H./Kretschmer, J./Scherler, K.:* Spiel und Sport mit Kindern. Reinbek 1985
Dieckert, J.: Der »Dritte Weg« des Gerätturnens. In: Czwalina, C (Hrsg.): Methodisches Handeln im Sportunterricht. Schorndorf 1988
Dressel, E./Tuch, U.: Turnen zwischen Bewegungsanregung und Bewegungsnormierung. In: Körpererziehung 45 (1995) 10
Funke-Wieneke, J.: Turndidaktik – verschiedene konzeptionelle Zugänge. In: Zeuner, A./Senf, G./Hofmann, S. (Hrsg.): Sport unterrichten. Anspruch und Wirklichkeit. Sankt Augustin 1995
Funke-Wieneke, J.: Elementares Turnen in der Sek. I. In: Sportpädagogik 23 (1999) 4
Graal, J.: Bewegungskünste Zirkuskünste. Schorndorf 1994
Gerling, I. E.: Kinder turnen: Helfen und Sichern. Aachen 1997
Gerling, I. E.: Basisbuch Gerätturnen ... für alle. Aachen 1999
Härtig, R.: Gerätturnen in der Schule – verändern statt streichen. In: Sportunterricht 48 (1999) 1
Herrmann, K.: Methoden des Helfens und Sicherns im Gerätturnen. Schorndorf 1981
Klingberg, L.: Führung und Selbsttätigkeit in der sozialistischen Schule. Berlin 1962
Klingberg, L.: Lehren und Lernen, Inhalt und Methode. Oldenburg 1995
Kollegger, M.: Körpererfahrung im Gerätturnen. Wiesbaden 1997

Koch, K.: Springen und Überschlagen – Hechten und Rollen am Absprung-Trampolin. Schorndorf 1977
Koch, K./Timmermann, H.: Klettern und Steigen – Schwingen und Springen am Stufenbarren. Schorndorf 1977
Kurz, D.: Wie offen soll und darf der Sportunterricht sein? In: Bielefelder Sportpädagogen: Methoden im Sportunterricht. Schorndorf 1989
Kurz, D.: Sport mehrperspektivisch unterrichten – warum und wie? In: Zieschang, W./Buchmeier, D.: Sport zwischen Tradition und Zukunft. Schorndorf 1992
Laging, R.: Turngelegenheiten. In: Sportpädagogik 9 (1985) 5
Laging, R.: Stundenblätter Turnen. Stuttgart 1991
Medler, M./Räupke R.: Gerätturnen im 5./6. Schuljahr. Flensburg 1998
Schadowski, R.: Die Gestaltung des Sportunterrichts als Integration offener und geschlossener Konzepte. In: Körpererziehung 46 (1996) 10
Scherler, K.: Spielen. In: Digel, H.(Hrsg.): Lehren im Sport. Reinbek 1983
Schleske, W.: Abenteuer, Wagnis, Risiko im Sport. Schorndorf 1977
Schleiermacher, F. D.: Erziehungslehre. Herausgeben von C. Platz. Langensalza 1871
Söll, W.: Vom Bildungswert des Gerätturnens. In: Sportunterricht 22 (1973) 9
Söll, W.: Didaktische Vorüberlegungen als Grundlage methodischen Handelns. In: Czwalina, C. (Hrsg.): Methodisches Handeln im Sportunterricht. Schorndorf 1988
Stiehler, G.: Der dialektische Widerspruch. Formen und Funktionen. Berlin 1967
Trebels, A./Crum, B.: Turnen. In: Sportpädagogik 4 (1880) 5
Trebels, A.: Spielen und Bewegen an Geräten. Reinbek 1983
Trebels, A.: Turnen vermitteln. In: Sportpädagogik 9 (1985) 5
Tross, R.: Gerätturnen – eine problematische Schulsportart. In: Sportunterricht 42 (1993) 3
Treutlein, G./Funke, J./Sperle, V. (Hrsg.): Körpererfahrung im Sport. Aachen 1986
Winkel, R.: Antinomische Pädagogik und kommunikative Didaktik. Düsseldorf 1986
Zeuner, A./Hofmann, S./Lehmann, F.: Schulmethodik Leichtathletik. Leipzig 1997